Die Akte Edward Low

Sabine Lippert

Die Akte Edward Low

Biografie eines Piraten

Bibliografische Information der Deutschen
Nationalbibliothek: Die Deutsche
Nationalbibliothek verzeichnet diese Publikation
in der Deutschen Nationalbibliografie; detaillierte
bibliografische Daten sind im Internet über
http://dnb.dnb.de abrufbar.

© 2021 Lippert, Sabine
Überarbeitete Auflage
Herstellung und Verlag:
BoD – Books on Demand, Norderstedt

ISBN: 9783753477114

Inhaltsverzeichnis

*"Ein größeres Ungeheuer hat niemals die Meere
verseucht"*
(*John Hart*, Gouverneur der Leeward-Inseln, 1724 über
Captain Low)

*„Ich hatte sehr guten Grund, ihm meinen herzlichen Dank
abzustatten..."*
(*Captain Roberts* über Edward Low 1726)

Vorwort

Beide Zitate veranschaulichen, wie umstritten der letzte bedeutende Pirat der „großen Seeräuber-Ära" bereits zu Lebzeiten war! Noch 300 Jahre danach würden sich die meisten dem Urteil von Gouverneur Hart anschließen. Von zahlreichen Zeitgenossen sowie (noch mehr!) der Nachwelt wurde „Ned" Low zu einem blutrünstigen Monster stilisiert, oder zutreffender: dämonisiert. Nun wurden Piraten, die Gesetzlosen der Meere, von der Geschichtsschreibung selten gnädig behandelt. Geschichte schrieben eben immer die Mächtigen!

Aber wo Schatten ist, ist auch Licht!

In diesem Sinne soll das durchgängig finstere Bild in der vorliegenden Biografie hinterfragt und durchleuchtet werden. Denn jede historische Gestalt verdient eine faire Beurteilung!

Soweit nicht anders gekennzeichnet, wurden die zitierten englischen Texte von der Autorin übersetzt.

Datumsangaben richten sich nach dem <u>Julianischen Kalender</u>, der bis Mitte des 18. Jh. in Großbritannien und

1

seinen Kolonien noch in Gebrauch war; zur Umrechnung in den Gregorianischen Kalender muss man einfach ca. 12 Tage hinzuzählen.

Einführung

a) Das „Goldene Zeitalter" der Piraten

Ein recht euphemistischer (und übrigens nicht zeitgenössischer) Begriff! Er umfasst den Höhepunkt der Piratenaktivität auf den Weltmeeren: in ungefähr die Zeit zwischen 1690 und 1730. Natürlich hat es Piraterie seit ehedem gegeben (bekanntlich hatten ja schon die Piraten der Adria den Römern das Leben schwer gemacht).

Später betrieb man vor allem die Freibeuterei, im Auftrag von Regierungen – also sozusagen als „legitimierte" Piraten mit Kaperbrief oder stillschweigender Duldung; ein berühmtes Beispiel hierfür ist *Sir Francis Drake*, der zum Schrecken der spanischen Seefahrt wurde (was Ihrer Majestät Elisabeth I recht gelegen kam). Im 17. Jahrhundert trieben die sogenannten Bukaniere in der Karibik ihr Unwesen, auch diese im Auftrag gewisser Regierungen, Gouverneure oder Handelsgesellschaften (die mit Hilfe jener wilden Gesellen der Konkurrenz ein wenig einheizen wollten). Privateers (also Freibeuter) waren auch noch während des *Spanischen Erbfolgekrieges* (1701 – 1714) gefragt, wo sie für ihr jeweiliges Land dem Kriegsgegner zusetzten.

Die Beendigung dieses sich hinziehenden Krieges (in den die großen Seefahrernationen England, Frankreich und die Niederlande involviert waren) bedeutete eine Zäsur für das Freibeuterwesen – danach bestand nämlich für diese (zunächst) keine Verwendung mehr (in späteren kriegerischen Auseinandersetzungen wie dem sog. „Ohrenkrieg" 1739 – 1742 griff man gern wieder auf Privateers zurück!). Da stand nun eine große Menge von Männern; sie hatten natürlich die

Option, sich künftig als ehrliche Seeleute zu verdingen. Allerdings besaßen die damaligen Arbeitsbedingungen auf einem Schiff eine eher abschreckende Wirkung. *Helge Meves* schreibt in seinem Kommentar zu *Libertalia*:

„*In der Handelsmarine verfügten die Seeleute noch über weit weniger rechtliche Schutzmöglichkeiten als beim Militär. ... Zwischen der Heuer einfacher Mannschaftsmitglieder oder Schiffsjungen und des Kapitäns bestanden gigantische Unterschiede fast feudalen Ausmaßes, Betrug bei der Auszahlung der kärglichen Entlohnung war dazu an der Tagesordnung. Aus der gut dokumentierten englischen Handelsmarine sind aus der ersten Hälfte des 18. Jh. sechzig Meutereien überliefert, von denen die Hälfte erfolgreich war und ein Drittel zur Folge hatte, dass aus Seeleuten Piraten wurden. (!) Roher und rigoroser als an Land wurden in der Kriegsmarine geringste Vergehen durch Auspeitschen mit der neunschwänzigen Katze bestraft. ... 25 der 39 Paragraphen der Kriegsartikel von 1652 sahen die Todesstrafe vor. Zitiert wird auch noch ein Zeitgenosse, Samuel Johnson: „Kein Mensch, der genug Geschick besitzt, um sich ins Gefängnis zu bringen, wird Seemann; denn ein Schiff ist wie ein Gefängnis, in dem man auch noch Gefahr läuft zu ertrinken.*“

Wer da nicht an die „Meuterei auf der Bounty" denkt, die Ende des 18. Jh. stattfand, also 60 - 70 Jahre nach der hier behandelten Zeit! Noch *Captain Bligh* soll ein autokratisches, nahezu unmenschliches Regiment über seine Crew geführt haben, ohne dafür seines Postens enthoben zu werden.

Da wechselte man lieber in die Piraterie, wurde somit freilich zum echten „Outcast", weil fortan weder Regierungen noch Handelsgesellschaften (zumindest offiziell) daran interessiert waren, Freibeuter zu beschäftigen.

Der berühmte Piratenkapitän *Bartholomew Roberts* („Black Barty") bringt es auf den Punkt:

„Er (Roberts) *konnte nicht Arbeitslosigkeit oder die Unmöglichkeit, sein Brot auf ehrliche Weise zu verdienen, ins Feld führen, um einen so nichtswürdigen Wechsel zu rechtfertigen... er gab vielmehr freimütig zu, er habe es getan, um dem unerträglichen Hochmut einiger Kapitäne zu entgehen... In ehrlichen Diensten...gibt's schmale Kost, niedrige Heuer und harte Arbeit..."* *(Captain Johnson;* Übersetzung: *Stingl).*

Roberts war, bevor seine Piratenkarriere begann, Zweiter Maat, also in ehrlicher Anstellung. Aber selbst in seiner Position als Maat hatte er wohl die Behandlung seitens der Vorgesetzten sowie die Bezahlung zu bemängeln.

Und von *Captain Evans* heißt es:

„... da die Löhne nicht so gut waren wie früher und gute Stellen wegen der großen Zahl an Seeleuten knapp, kamen sie überein, sich auf die Suche nach Abenteuern zu machen..."

Ein gefangener Pirat äußerte:

„Ich könnte wünschen, dass Schiffskapitäne ihre Leute nicht mit derartiger Strenge behandeln würden, wie es so viele tun, was (die Seeleute) großen Versuchungen aussetzt." (ebenda: *Captain Phillips)*

Mit „Versuchungen" war natürlich gemeint: das Hinüberwechseln vom ehrlichen Broterwerb zur Piraterie. Freilich – einen wichtigen Aspekt stellten auch Abenteuer- und Raublust dar, wie *Bartholomew Roberts* ganz freimütig zugibt: *„...Vergnügen und Wohlsein, Freiheit und Macht"* *(Captain Johnson;* Übersetzung: *Stingl).* Seine Ansicht wurde von zahlreichen Piraten geteilt, deren Freiheitsdrang eine Existenz als gesellschaftlich Geächtete vorzog.

5

Abgesehen vom wichtigen Aspekt der Unzufriedenheit ihrer materiellen Situation oder purer Abenteuerlust gab es noch einen weiteren, nämlich politischen Beweggrund: Gewisse Piratenführer (wie z.B. *Charles Vane* oder *Captain England* u.a.) unterstützten die sogenannte jakobitische Rebellion – d.h. die Ansprüche des königlichen Hauses *Stuart*. Dieses war durch die Thronfolge *Georgs I* von Hannover[1] seines Herrschaftsanspruchs auf den britischen Thron dauerhaft verlustig gegangen. Wie in vorliegender Biografie deutlich werden wird, hatte jene „jakobitische Komponente" innerhalb der Piratenbewegung, die in der „Kernphase" des Goldenen Piratenzeitalters (zwischen 1716 und 1726) agierte, einige Bedeutung. Man muss allerdings dazu sagen, dass für den „einfachen" Piraten solch politische Belange weniger ausschlaggebend waren. Für ihn zählte der Beuteaspekt.

Eine überdurchschnittlich große Anzahl von Piratenkapitänen hatte vor ihrem Start in die „Outlawkarriere" die ordentliche Stellung eines Maates innegehabt, die offenbar keine guten materiellen Aussichten eröffnete.

Ein Kapitän hingegen konnte (wie ein zeitgenössischer Bericht enthüllt) das 60fache eines einfachen Matrosen verdienen!

Laut den erhaltenen Piratensatzungen hatte hingegen ein Piratenkapitän Anspruch auf höchstens den doppelten Anteil der Beute!

Zorn über solch materielle Ungerechtigkeiten sowie schlechte Behandlung vonseiten der Vorgesetzten führten zu einer provokativ-feindseligen Haltung jener „echten" Piraten gegenüber Autoritäten im Allgemeinen. Hatte der aus gutsituierten Verhältnissen stammende *Blackbeard* noch mit gewissen Gouverneuren „zusammengearbeitet", indem er seine

---

[1]Er bestieg 1714 den britischen Thron

6

Kapererträge mit ihnen teilte, so behandelten spätere Piraten die Obrigkeit und deren Vertreter mit steigender Verachtung und Brutalität, zahlten also mit gleicher Münze zurück...

Hierzu passt, was *Lynn Dumenil* anmerkt:

„Die neuen Companys (die des ausklingenden Goldenen Zeitalters) waren gewalttätiger und dem Terror mehr zugeneigt als frühere Räuber. ... Sie drückten, was zuvor unter Piraten selten war, Feindseligkeit gegenüber Englands Kaufleuten und Politikern aus. "

Sie waren ja auch keine Kaperer von staatlichen Gnaden mehr – ihre Feindseligkeit war die radikale Antwort auf durch die Autoritäten erlittenes Unrecht und Ausbeutung!

b) Einheit, Freiheit, Brüderlichkeit?

Das „Goldene Zeitalter" der Piraten fällt in die ersten Jahrzehnte des 18. Jahrhunderts und somit in die Zeit der frühen Aufklärung. Inwieweit jener Zeitgeist Einfluss auf die Motivation der Piraten hatte, ist schwer zu beantworten, aber mit Sicherheit haben zumindest aufklärerische Gedankenströmungen ihren Weg zu dem einen oder anderen Piraten gefunden.

Die meisten, vor allem gewöhnlichen Besatzungsmitglieder, waren nur dürftig gebildet, und die Mehrzahl ihrer Kapitäne entstammte ebenfalls der Seefahrt, hatte also sicher keine „hochkarätige" zeitkritische Literatur studiert. Eine Ausnahme bildete Major *Stede Bonnet*, der vermögenden Verhältnissen entstammte. Von ihm sagt *Captain Johnson*, dass er „eine liberale Erziehung" genossen hatte. Was genau war darunter zu verstehen? *Bonnet* musste sich bei seiner Aburteilung 1718, als einstiger Gentleman von Rang, von seinem Richter eine ausführliche Moralpredigt anhören, und dabei bemerkte Letzterer :

„*... wenn ich nicht... gute Gründe gefunden hätte, zu fürchten, dass die religiösen Prinzipien, die man Euch während Eurer Erziehung vermittelt hat, durch den Skeptizismus und den Unglauben dieses bösen Zeitalters zumindest verdorben, wenn nicht vollkommen entstellt worden sind. Und dass die Zeit, die Ihr dem Studium gestattetet, eher... der eitlen Philosophie der Zeit ... gewidmet war...*"
(Übersetzung: *Jörg Rademacher*)

Der konservativen Werten verpflichtete Richter (der sein Leben gemäß „*dem Willen und Gesetz der Heiligen Schrift*" ausrichtet) erkennt also in *Bonnets* liberalem „Lifestyle" die

Ursachen für sein gesellschaftliches Abgleiten; seine Kritik an „*Skeptizismus und Unglauben dieses bösen Zeitalters*" sowie der derzeitigen „*eitlen Philosophie*" kann durchaus als Seitenhieb gegen aufklärerische Einflüsse zu verstehen sein.

Die Aufklärer hinterfragten natürlich bereits damals massiv die Autorität von Kirche sowie absolutistischer Monarchie. Auch wenn sie in der Mehrheit keine großen „Bücherleser" waren, hatten Piraten ihrerseits sicher das eine oder andere im Umgang mit ihrer Umwelt aufgeschnappt. Sich gegen die Obrigkeit aufzulehnen, war für sie mit diesem Rückenwind Ehrensache. Der Piratenkapitän *Samuel Bellamy* (er erlitt 1717 an der amerikanischen Küste Schiffbruch) drückte seine Einstellung gegenüber den staatlichen Autoritäten drastisch aus:

„*... Sie berauben die Armen unter dem Deckmantel des Gesetzes... und wir plündern die Reichen unter dem Schutz unseres eigenen Mutes...Ich bin ein freier Prinz, und ich habe genauso viel Autorität, mit der ganzen Welt Krieg zu führen...*" (*Captain Johnson*, „Life of Captain Bellamy")

Ganz schönes Selbstbewusstsein – da war nicht mehr viel Respekt vor einer „gottgegebenen Autorität". Auch als ein Mann „aus dem Volk" wollte man die Dinge selbst in die Hand nehmen, sich anlegen mit „denen da oben".

Das Bedürfnis, die Obrigkeit verächtlich zu behandeln, zieht sich auch wie ein roter Faden durch Ned Lows Piratenleben. So zwingt er laut einer Anekdote an der amerikanischen Küste gefangene Fischer, DIE religiöse Autorität Bostons, Puritaner *Cotton Mather* dreimal zu verfluchen. *Mather* hatte in seinen Predigten viel zu viel gegen die „Gottesgeißel" Piraten und ihren „Lifestyle" gewettert…

Indem sie ihren Verband gern hochtrabend als „Commonwealth" bezeichneten, grenzten sich Piraten vom etablierten Commonwealth ab. *„Was haben wir mit den Rechten von Königen oder Prinzen zu schaffen? Unser Anliegen hier ist es, einen König für unser eigenes Commonwealth zu wählen."* wird einer von Lows „Offizieren" zitiert.[2]

Piratencrews sahen sich als selbstverwaltete Gemeinschaften an, und sie gaben sich eigene „Verfassungen", die ihr Zusammenleben regelten (sozusagen eine konstitutionelle Anarchie). Neben den von *Captain Johnson* vorgestellten Satzungen der Kapitäne *Black Barty, Phillips* und *Lowther* sind noch einige mehr der Nachwelt erhalten. Es waren regelrechte Sozialordnungen mit vielen demokratischen Elementen. *Helge Meves* erläutert:

„Die Satzungen geben Hinweise auf die Herkunft ihrer politischen Ideen. ... Piratensatzungen wurden gemeinsam vereinbart und hatten für alle Unterzeichnenden oder Zustimmenden gleichermaßen Gültigkeit. ... Noch bemerkenswerter waren allerdings die Festschreibung der Rechte der gewählten Anführer und die Begrenzung ihrer Machtbefugnisse. Das höchste Entscheidungsorgan der Piraten war eine Vollversammlung, in der jeder gleiches Stimm- und Wahlrecht besaß." (!)

Eine solche Satzung hat auch Captain Edward Low mit seiner Crew festgelegt; wir werden sie später kennenlernen.

1726 hat *Captain Johnson* in eine Neuedition seiner „Piratengeschichte" die „Libertalia-Legende" aufgenommen. Sie schildert die Gründung einer regelrechten Piratenrepublik namens *Libertalia* (was übersetzt aus dem Lateinischen so viel wie „Freistaat" bedeutet); diese soll sich auf der Pirateninsel Madagaskar befunden haben. Da es außer bei Johnson sonst keine Hinweise gibt, nimmt man an, dass es sich um eine

---

[2] Kapitel „Captain Roberts' Erlebnisbericht"

Fiktion, vielleicht sogar eine Art Utopie handelt. Unter den historisch nachweisbaren Piraten dürfte kaum jemand so edel-idealistisch gewesen sein wie der als fiktiv geltende *Libertalia*-Gründer – ein französischer Adliger namens Misson. Es mochte einige Piraten gegeben haben, die damit liebäugelten, so etwas wie eine autonome Regierung auf fernen Inselparadiesen aufzubauen oder andere, die märchenhafte Geschichten darüber zum Besten gaben. Die Spur mancher prominenter Piraten verlor sich einfach, ohne dass sie geschnappt wurden (ein Schicksal, das übrigens auch Edward Low ereilte), und solches hat wohl die Phantasie der Zeitgenossen mächtig angeregt.

Auch wenn *Libertalia* ins Reich der Legenden gehört: Die Piraten des Goldenen Zeitalters waren zweifellos (wenngleich nur indirekt) vom frühaufklärerischen Zeitgeist infiziert. Sie hatten durchaus Respekt vor der Einrichtung des britischen Parlaments, und sie waren stolz auf ihre „Articles of Agreement", laut derer die Macht ihrer Führung sowie der Zusammenhalt ihrer Gemeinschaft kontrolliert wurde. Ihre Aufmüpfigkeit und ihre Erfolge inspirierten ihrerseits die Zeitgenossen, sich mit ihnen vielfältig auseinanderzusetzen. Freiheit, Gleichheit und Brüderlichkeit – das wurde bereits 60 Jahre vor der Französischen Revolution in Piratenverbänden zumindest anvisiert!

c) „Die Allgemeine Geschichte der Piraten" von Captain Johnson

Aus diesem Werk wurde bereits in den beiden vorangegangenen Kapiteln zitiert. Eine wahrhafte Piraten-Enzyklopädie, wichtigste Quelle für Personen, Taten und Geschichte des sog. „Golden Age". Ihre erste Ausgabe erschien 1724 (also noch während der „Piraten-Krise") in London.[3] Das Buch erregte, natürlich durch seine Aktualität, sogleich größte Aufmerksamkeit mit seinen spannenden Kurzbeschreibungen der Karrieren namhafter Piratenkapitäne. Die meisten derer waren da freilich schon dem Arm des Gesetzes zugeführt und seiner Strenge anheimgefallen, nicht aber Kapitän Edward Low!

Die Schreckensmeldungen erfolgreicher Kaperungen waren allein durch die Presse weltweit ständig präsent. Immer wieder fanden auch Hinrichtungen berüchtigter Piraten statt, die das Volk anlockten – so wurde in London am *Execution Dock* beispielsweise ein *Captain Kennedy* 1721 gehängt.

Zudem stammten nicht wenige prominente Piraten aus England und sogar London selbst (wie eben Edward Low). Allein deshalb erlebte *Captain Johnsons* Buch in kurzer Zeit mehrere Auflagen, avancierte also zu einem echten Bestseller.

Für jeden, den dieses Thema interessiert, bietet es auch 300 Jahre später noch eine unschätzbar reichhaltige Quelle. Es schildert nämlich nicht nur die Taten, sondern auch alltägliche Begebenheiten des Piratendaseins, teils in anekdotischer Form. So ist zum Beispiel als wahrhaft skurrile Freizeitgestaltung einer Piratencrew, die sich an Land die Zeit totschlug, das Spiel

---

[3] *Johnsons* Buch erschien bereits 1728 ins Deutsche übersetzt (in Goslar) unter dem Titel „Schauplatz der englischen Seeräuber".

eines Scheingerichts in erbaulicher Dialogform veranschaulicht (was mich selbst schon ein wenig an das zu meiner Kinderzeit populäre „Mörderspiel" erinnert hat). Hier bekommt man einen Eindruck von der Art des „Galgenhumors", wie ihn die Piraten vor sich her trugen. Denn man bedenke: Sie mussten ja allzeit damit rechnen, früher oder später tatsächlich am Galgen zu landen.

Der Autor ergänzt einige der Biografien sogar um Prozessakten und -abläufe, mitsamt den Listen von Verurteilten und Begnadigten. Sehr aufschlussreich, da man hier einen Eindruck bekommt, wie der Altersdurchschnitt in einer Piratencrew so lag, oder aus welchen Nationalitäten sie sich zusammensetzte.

Captain Johnson streut zwar immer wieder, im Stile seiner Zeit, moralisierende Äußerungen ein; dennoch ist er hier und da nicht ohne Anteilnahme. So zeigt er sich etwa vom Schicksal der Piratin *Mary Read* bewegt und lobt ihren Edelmut, als sie einen Gefangenen, in den sie sich verliebt hat, unter Einsatz ihres Lebens, gegen einen Piratenkameraden verteidigt. Überhaupt: Ohne *Captain Johnsons* Werk wären uns die beiden Piratinnen *Mary Read* und *Anne Bonney* wohl kaum bekannt geworden (und man hätte das vielleicht für ein Hollywood-Märchen gehalten)!

Die Untersuchung speziell der Edward-Low-Biografie wird allerdings zeigen, dass *Captain Johnson* als Hauptquelle nicht ohne Vorbehalte heranzuziehen ist. Beim Vergleich mit sonstigen zeitgenössischen Dokumenten, sofern welche als Ergänzung vorliegen, stellen sich zahlreiche Hergänge als schlicht chronologisch falsch zugeordnet oder ungenau recherchiert heraus. Dies liegt gewiss am Umfang der Thematik, der sich *Johnson* gewidmet hat: Eben nicht nur einem einzelnen, sondern etlichen Piratenschicksalen. Da konnte man schnell mal den Überblick verlieren, einzelne Kapitäne und Kaperungen verwechseln. Außer auf Augenzeugenschilderungen hat sich *Johnson* vornehmlich auf die zahlreichen britischen und neu-englischen (= amerikanischen) Presseberichte gestützt. Aussagen von Zeitzeugen sowie Zeitungsartikel waren ebenso wie heute nicht immer präzise und objektiv, und Johnson scheint, um seine Leserschaft zu fesseln, manches „sensationsgeladen aufgepeppt" zu haben – ähnlich wie man es heute bei gewissen Boulevardmedien macht.

Zum Autor selbst, *Captain Johnson,* gibt es einige Fragen: Man konnte dazu bislang keine historische Person dieses Namens eindeutig ermitteln. Also nimmt man nach wie vor an, dass es sich um ein Pseudonym handelt. Hinter diesem wird von nicht wenigen *Daniel Defoe* vermutet, der sich ja zur selben Zeit in London als Journalist und erfolgreicher Schriftsteller etabliert hatte (1719 war sein Bestseller „Robinson Crusoe" erschienen, der auf einem wahren Tatsachenbericht beruhte).

Ins Gespräch gebracht wurde allerdings auch der regierungskritische Journalist *Nathaniel Mist.* Er brachte bis in die 30er Jahre „Mist's Weekly Journal" heraus. Allerdings kann es sich nicht um Mist gehandelt haben, da sein „Weekly Journal" Meldungen zu Low bringt, die nicht in der Piratengeschichte auftauchen.

Wer auch immer hinter *Captain Johnson* steckt – es war ein in maritimen Dingen versierter Schreiber, der immer wieder auch geographische Exkurse einstreute, also entweder selbst weitgereist oder sehr belesen war.

Jener *Captain Johnson* ergänzte übrigens 1734 seine Piratengeschichte um eine Sammlung berüchtigter Räuber und Verbrecher Englands. Letztere war allerdings bereits von anderen Autoren Jahrzehnte früher zusammengestellt worden. Eine wahre Fundgrube mit wertvollen Beiträgen zur Kriminal- und auch Sozialgeschichte, ohne die man weniger gut unterrichtet wäre über Lebensbedingungen und Nöte der Schichten am gesellschaftlichen Rand im 17./18. Jahrhundert. Auch Edward Lows Biografie wird uns damit konfrontieren.

Dem Sturm ausgesetzt

Ein Mann steht in einem heftigen Sturm, an einer schroffen Steilküste, gestützt auf einen Gehstock, die andere Hand schützt Hut und Kopf.

Im Hintergrund droht ein Segelschiff von den aufgewühlten Fluten des Meeres verschlungen zu werden. Quer über den wolkenschweren Himmel zuckt ein Blitz. Die männliche Gestalt stemmt sich wacker, mit stoischer Gefasstheit, gegen die heulenden Böen. Ihre im Wind flatternde Kleidung ist abgewetzt. Hat sie sich durch die tobende Brandung soeben erst vom Schiff an Land retten können?

Ihre Bewaffnung bilden zwei Pistolen sowie ein Entermesser. In dieser Wehrhaftigkeit bietet sie dem Toben ringsum Paroli, ohne dabei übermäßig martialisch zu wirken. Liegt es an dem „zivilen" Gehstock, der so einen merkwürdigen Kontrast zur Bewaffnung bildet?

Um 1730 wurde diese Illustration „Edward Low im Hurrikan" geschaffen von dem englischen Maler *Joseph Nicholls* (1692 – 1760) und ist damit zeitgenössisch. Sie schmückte die 1734er Auflage von *Captain Johnsons* Piratengeschichte.

Dargestellt ist eine packende Szene aus Edward Lows Leben: Der heftige Sturm, in den er und seine Crew bei ihrer Atlantiküberquerung im Winter 1722 gerieten (der allerdings, wie noch gezeigt wird, kein Hurrikan war). Sicher aber wollte der Künstler mit dieser Thematik noch mehr ausdrücken – die außerordentliche Dramatik, der Edward Lows Leben permanent ausgesetzt war, die Lebensstürme sozusagen.

Nun war ja das Leben eines Piraten gemeinhin von spezieller Dramatik; beständig blickte man Gefahren ins Auge:

unberechenbaren Naturgewalten auf den Weltmeeren sowie dem unablässigen Risiko, vom Arm des Gesetzes gestellt und an den Galgen befördert zu werden.

Captain Johnsons Ausgaben seiner „Piratengeschichte" waren zunächst mit recht stilisiert anmutenden Darstellungen der berühmtesten Piratenchefs illustriert. Mit Entermesser, Degen oder Kurzschwert in der Faust wirken diese ein wenig wie mittelalterliche Herrscher. Auf einem höheren künstlerischen Niveau bewegen sich die Werke von *Joseph Nicholls*, der außer Edward Low u. a. noch seinen Compagnon *George Lowther*, den berüchtigten *Blackbeard* sowie *Captain Avery* darstellte. Hier kann man wesentlich besser individuelle Typen erkennen, und *Nicholls* fügte etwas hinzu, was für den jeweiligen Protagonisten charakteristisch war (bei *Blackbeard* etwa dessen umtriebige Handelstätigkeit).

Nicht unwahrscheinlich, dass *Nicholls* Aussehen und Gestalt von Low anhand zeitgenössischer Beschreibungen gestaltet hat. Um 1730 lebte durchaus noch so mancher, der vieles über ihn gehört oder ihn von Angesicht kennengelernt hatte. Außerdem liefert *Captain Johnson* in seiner ersten Edition der „Piratengeschichte" einen kurzen Steckbrief:

„Er war 38 Jahre alt, ein starker, gut gebauter Mann, nicht groß, aber breitknochig."

Klein soll er auch nach anderen Beschreibungen gewesen sein; und *Nicholls* lässt ihn ein wenig „barock" rundlich erscheinen – sein Temperament allerdings war geballte Kraft und wusste die Umwelt zu dominieren sowie sein Piratengefolge zu tollkühnen Aktionen (etwa dem Kampf gegen ein Kriegsschiff) zu animieren.

Kommen wir nochmal zu einigen bemerkenswerten Details: Da wäre der bereits erwähnte Gehstock. Wirklich kein typisches „Assessoire" für einen Piratenkäpt'n! Wenn sich

Piraten bildlich auf was stützten, dann doch auf eine martialische Muskete (*Blackbeard, Lowther*)! Ausgerechnet den berüchtigten Low mit einem zivilen Gehstock auszustatten, dabei hatte sich der Künstler doch sicher was gedacht. Möglicherweise war ihm zugetragen worden, dass Ned Low einen Gehstock benutzte – weil er (aufgrund einer Verletzung oder eines Unfalls) Gehprobleme hatte?

Als nächstes die lange Hose. Für uns Heutige kein auffälliges Kleidungsstück – im 18. Jahrhundert hingegen noch reine Arbeitskleidung! Ein Gentleman zog sich da noch Kniehosen an. Bis auf Ned Low sowie *Captain Blackbeard* (in der Version von *J. Nicholls*!) sind daher auch sämtliche Piratenkapitäne mit Kniehose und Strümpfen gentlemanlike abgebildet (manche sogar mit Perücke).

Lange Hosen setzten sich erst im Verlauf der Französischen Revolution, also Ende des 18. Jahrhunderts, durch – die *Sansculottes* (= Angehörige des sog. Dritten Standes) trugen sie, um sich von den Sympathisanten des „Ancien Regime" abzusetzen. Das konnte natürlich hier noch keinen Einfluss haben. Vielleicht aber wollte der Künstler einen ähnlichen Kontrast zwischen Ned dem Outlaw sowie der „etablierten" Gesellschaft (mit Perücke und Kniehose) veranschaulichen. Piraten hatten ohnehin ihren ganz individuellen Kleidungsstil: Manche schmückten sich wie ein Monarch (etwa *Barty Roberts*), andere wollten vielleicht lieber praktisch erscheinen, und so mag es sein, dass Ned Low tatsächlich eine lange „Arbeitshose" bevorzugte...

Der Schrecken von Westminster

„Edward Low wurde in Westminster geboren und hatte seine Ausbildung dort, wie auch immer, denn er konnte weder schreiben noch lesen.", erzählt uns *Captain Johnson* in seiner „Piraten-Bibel". In späteren Überarbeitungen wird eingeräumt: „(Low) *erhielt eine Ausbildung, wie sie der des einfachen Volkes in England ähnelte.*"[4]

War Ned Low, wie damit angedeutet wird, ein „Commoner", also ein Angehöriger des einfachen Volkes? Die schillernde Diebeskarriere seines älteren Bruders Richard scheint das nahezulegen – und so kombinierte die Sekundärliteratur eine Herkunft aus „mittellosen Verhältnissen".

Westminster war allerdings Ende des 17. Jh. durchaus kein ausgesprochenes „Armenviertel"; dort wohnten, bedingt durch das nahe Parlament, auch Gutsituierte. Daneben mochten freilich gewisse „Problembezirke" existiert haben, wie beispielsweise der themsenahe berüchtigte *Millbank*-Bezirk.

Bereits zu jener Zeit gab es in *Westminster*, außer der neben der Kathedrale gelegenen Lateinschule für die Söhne betuchter Eltern, nachweislich eine sog. „Charity School" – nämlich eine Bildungseinrichtung für bedürftige Kinder. Sie war 1688, also um die Zeit von Neds Geburt, gegründet worden und bot Platz für zunächst 50 Jungen (wenig später auch Mädchen!), die dort auch eingekleidet wurden. Es ist nicht ausgeschlossen, dass Ned und seine Geschwister dort hingeschickt wurden, um zumindest eine rudimentäre Ausbildung zu erhalten (eine solche, *„wie sie der des einfachen Volkes in England ähnelte"*).

---

[4] "The History of the Lifes and Actions of the most famous Highwaymen…", 1814 (nach *Captain Johnson*)

Das „Tyburn Chronicle" gibt als Geburtsort für Neds älteren Bruder Richard *„nahe der Horseferry"* an – also wohl in eben jenem „Millbank-Bezirk", wo noch Anfang des 20. Jh. ärmliche Wohnquartiere existierten. Neds und Dicks Wohnstatt dürfte sich somit nahe der heutigen *Lambeth-Bridge* befunden haben; dort verkehrte damals noch eine Fähre über die Themse.

Edward Low kam quasi nur einen Steinwurf vom englischen Parlament entfernt zur Welt! Wo sich heutzutage die großen Touristenmeilen erstrecken, rings um die *Houses of Parliament*, das hatte um 1700 (lange vor Errichtung der *Westminster Bridge*, 1736) noch ein völlig anderes Gesicht. Fast unmittelbar an die repräsentativen Parlamentsbauten schlossen sich Dockanlagen mitsamt Wohn- und Wirtschaftsgebäuden an, die Anfang des 20. Jh. den *Victoria Tower Gardens* Platz machten. Einstige „Slum-Ecken" lassen sich heute nicht einmal mehr erahnen.

Neds und seines Bruders jugendliche Aktivitäten sprechen durchaus für prekäre finanzielle Verhältnisse. Was es bedeutete, zu jener Zeit zum unteren Rand der Gesellschaft zu gehören, veranschaulicht recht drastisch der 1751 geschaffene Stich „Gin Lane" von *William Hogarth*. Der 1697, also nur wenige Jahre nach Low ebenfalls in London geborene Künstler sah es als sein Anliegen, auf Elend und Armut der städtischen Unterschichten aufmerksam zu machen. *Hogarth* hatte es selbst nicht ganz leicht gehabt: Sein eigener Vater saß, obwohl selbst Lehrer, eine Zeitlang im Schuldgefängnis, derweil William als Kind seiner Mutter bei der Beschaffung des Lebensunterhalts unter die Arme greifen musste. Diese Erfahrungen hatten ihn wiederum sensibilisiert für die eklatanten Notlagen, wie er sie in seiner Umwelt erlebte.

„Gin Lane" präsentiert uns Straßen, vollgestopft mit Menschen in lumpiger dürftiger Kleidung, an den Ecken ausgemergelte Bettler. Alles sucht seinen Trost in Alkoholexzessen. Schmutzige Plätze, Siechtum, baufällige Häuser. Und dazwischen noch einer, der mit seinem Hund am selben Knochen nagt! Ein Kleinkind, das über ein Treppengeländer in die Tiefe stürzt, weil seine Mutter zu sehr mit ihrem eigenen Elend beschäftigt ist. *Hogarth* trägt hier bewusst dick auf, aber in der Nachbarschaft von Ned Lows Domizil dürfte es die eine oder andere Gasse gegeben haben, in der es im späten 17. Jahrhundert nicht wesentlich gesitteter zuging. *Captain Johnson* führt nämlich aus:

„Die Natur schien ihn von Anfang an als Piraten entworfen zu haben; er stieg nämlich sehr früh ins „Plündergewerbe" ein und pflegte Tribut zu erheben unter all den (!) Jungen von Westminster; und sofern welche kühn genug waren, sich dem zu widersetzen, folgte ein Kampf. Low aber war so verwegen, ebenso wie dreist – keiner (!) war ihm gewachsen, so dass er die Jugendlichen ihrer Viertelpennys beraubte, und zwar ungestraft." (Übersetzung: Stingl)

Es gab sie natürlich auch damals schon: Die jugendlichen Rabauken! Und als so einer übte sich Ned, laut *Captain Johnson*, schon mal für seine spätere Rolle als „Schrecken des Atlantik". Nun brauchte man auf den Straßen und in den Gassen der damaligen Zeit auch Ellbogen und Durchsetzungsfähigkeit – Ned dürfte beileibe nicht der einzige Wolf unter lauter Lämmchen gewesen sein! Da war bestimmt genug Konkurrenz von rauflustigen Buben, und unter denen schien sich Ned eine Vorrangstellung erkämpft zu haben.

Offenbar wurde er in dieser Rolle auch respektiert. Denn *Johnson* räumt ja ein, dass jung Edward sein „Plündergewerbe" ganz und gar „ungestraft" ausübte! An späterer Stelle erwähnt er ferner, dass Ned Low Jahre später, als er schon in Übersee lebte, noch einmal nach *Westminster* auf Besuch kam, wo er sich nicht nur von seiner Mutter, sondern auch allen dortigen Freunden und Bekannten endgültig verabschiedete, da er sich in der Neuen Welt fest etablieren wollte. Demnach hatte er in seinem Bezirk eine gewisse Beliebtheit genossen.

Wohingegen man *Captain Johnson* bereits hier bei kräftigen Übertreibungen ertappt: Oder soll man sich wirklich vorstellen, dass sämtliche in Westminster lebenden Jugendlichen unter der Knute von „Super-Rambo" Low standen? Die *Jets* aus der „Westside Story" lassen grüßen...

„*Als Heranwachsender*", so *Johnson* weiter, „*verlegte er sich dann aufs Falschspiel, denn es war üblich unter den Bediensteten in der Lobby des House of Commons, wo er (wie man es nennt) das ganze Spiel zu spielen pflegte, das heißt, wen er konnte, übers Ohr zu hauen – und wer ihm drauf kam, der musste sich ihm im Kampf stellen.*"

(Übers.: Stingl)

Diese delikate Information *Captain Johnsons* wurde von der Sekundärliteratur eifrig dahingehend interpretiert, dass Ned Low in der Lobby des Parlaments herumlungerte und „gammelte". Nanu – gab es in der Parlamentslobby eine „Gammelecke", wo Westminsters streunende Jugend abhängen und auch noch die Bediensteten anpöbeln durfte? Gut, um 1700 war der Bereich noch nicht so hermetisch abgeriegelt wie heute, trotzdem...

So, wie *Johnson* sich ausdrückt, gehörte Ned zu jenen Bediensteten! Keineswegs zu weit hergeholt. Als cleverer Bursche hatte er, sicher durch Vermittlung wohlmeinender Verwandter oder Bekannter, eine Erwerbsquelle für ein bescheidenes Einkommen ergattert, sobald er alt genug dafür war. In den Arbeitspausen (d. h. während die Dienstherren im Parlament tagten) mochte er dann mit seinen „Kollegen" sich zum Glücksspiel in der Lobby zusammengefunden (und bei der Gelegenheit auch wieder seine Dominanz ausgespielt) haben.

Ob er nun tatsächlich einer geregelten Tätigkeit nachging oder nur um das Zentrum der Londoner Politik „herumhing" – ganz sicher schnappten seine offenen Ohren das eine oder andere eminente politische Ereignis auf. Er konnte Leute von Rang und Namen ein- und ausgehen sehen, kriegte dieses oder jenes Stadtgespräch sowie Skandale mit, hörte von dem, was draußen in der Welt vor sich ging und worüber er sich gewiss mit den Bediensteten oder sonstigen greifbaren Personen austauschte.

Dem Bericht eines (später noch vorgestellten) Zeitzeugen zufolge zeigte sich Edward Low, der angeblich einstige Gassenjunge, nicht nur als einigermaßen kultivierter Gesprächspartner und Gastgeber; er bewies künftig auch, dass er sich in gesellschaftlich besser gestellten Kreisen bewegen konnte; solches musste er irgendwo gelernt haben.

Damals konnte man recht schnell verarmen. Mit mindestens zwei Geschwistern kam Ned aus einer kinderreichen Familie. Fiel der Vater (aufgrund von Krankheit, Tod oder Verhaftung) als Hauptnährer weg, oder geriet eine Familie in die Verschuldung, war ein sozialer Abstieg aus ursprünglich soliden oder gar wohlhabenden Verhältnissen oft unabwendbar. Und solche schwierigen Erfahrungen hatten natürlich fatale Auswirkungen auf betroffene Kinder und Jugendliche – wie im folgenden Kapitel deutlich werden wird.

Johnsons Perspektive in Bezug auf unseren Protagonisten ist, wie vorliegende Untersuchung herausstellen wird, alles andere als objektiv – und verrät die Tendenz, bereits mit der Beschreibung von Kindheit und Jugend Lows zu unterstreichen, dass er von Anbeginn an durch und durch mit krimineller Energie ausgestattet war und deshalb zum infamsten Piraten wurde. Deshalb ist Vorsicht geboten, jene kaum überprüfbaren Angaben für allzu wörtlich zu nehmen.

Andererseits muss man sich glücklich schätzen, dass über Lows Anfänge zumindest einige Angaben vorliegen. Herkunft und früher Werdegang der meisten nachmaligen Piratengrößen liegen fast vollkommen im Dunkel! Da Ned aber in *Westminster* geboren war, konnte *Captain Johnson* ohne größere Mühe sich dort umhören; immerhin wusste er, dass Lows Mutter damals noch lebte.

Übrigens trugen zwei renommierte Personen des späten 17. Jahrhunderts den Namen Edward Low: Ein Musikprofessor von Oxford und Organist der *Chapel Royal* (gestorben 1682) sowie ein Sir (!) Edward Low, Jurist (*Master of the Rolls*) am Obersten Gerichtshof[5] (gestorben 1684). Beide stammen aus der Nähe von *Salisbury* und waren loyale Anhänger *Charles II Stuarts*. Sollten hier (wie auch immer geartete) Verwandtschaftsbeziehungen vorgelegen haben, bestand nachmals sicher kein Interesse, sie in der Öffentlichkeit breitzutreten.

Der Familienname Low ist durch England bis hinauf nach Schottland recht verbreitet. Über seine Herkunft gibt es in der Namenforschung unterschiedliche Spekulationen, unter denen die verbreitetste ihm normannische Wurzeln zuweist – nämlich von „lou[6]" = (normannisch) „Wolf". Das Wappen des oben genannten *Sir Edward Low* zeigt in der Tat Wölfe.

Was waren die Normannen im Gefolge *William the Conquerors* aber anderes als die Nachkommen wikingischer Piraten, die man seinerzeit mit Übertretung der Normandie „gezähmt" hatte? Piraten, vor denen seinerzeit ganz Europa

---

[5]Der in *Westminster* tagte!
[6]Das lateinische Ursprungswort lautet „lupus"

24

gezittert hatte! Der Apfel fällt nun mal nicht weit vom Stamm...

Als Geburtsjahr wird für Low meist 1690 genannt (ohne Angabe einer Quelle). *Captain Johnson* sagt allerdings, er sei 1723 38 Jahre alt gewesen. Er wäre demnach zwischen 1685 und 1690 geboren.

Noch eine kurze Bemerkung zu den verschiedenen Schreibweisen des Nachnamens Low (der manchmal in den Varianten Lowe oder Loe) auftaucht: Die richtige Form lautet <u>Low</u> – so findet man sie nämlich im Heirats- sowie Geburtenregister der Stadt *Boston*.[7] Auch hat Ned so eine selbst gefertigte Schatzkarte unterzeichnet[8].

---

[7]Kapitel „Boston"
[8]Kapitel „Der Schatz"

Westminster: Victoria Tower Gardens erstrecken sich heute über das Areal der alten Millbank-Docks

London: Der Marble Arch befindet sich nahe der ehemaligen Richtstätte Tyburn

Eine Fahrt nach Tyburn

Im Jahre 1707 schlug der erste Blitz in Neds junges Leben ein: Sein 24jähriger Bruder Richard (Dick) wurde, nach einer bereits langen Karriere als Dieb und Einbrecher, an der alten Londoner Richtstätte *Tyburn* gehängt.

Captain Johnson zufolge hatte Richard seine kriminelle Laufbahn bereits als Kind gestartet. Schon als Siebenjähriger soll er sich in einem großen Korb von einem älteren Komplizen herumtragen haben lassen, um aus diesem Korb heraus im Menschengetümmel Hüte und Perücken zu stibitzen. All das fand mit Sicherheit in den engen verwinkelten Gassen sowie auf den Plätzen Westminsters statt, in denen Ned und seine Geschwister aufwuchsen.

Als Richard für den „Korbtrick" zu groß geworden war (im Gegensatz zu Ned war er ein hochgewachsener Mann), ging er zu Taschendiebereien über, schließlich wagte er sich an Einbrüche. Das *Tyburn Chronicle* erwähnt, dass er vorübergehend zur See gefahren sein soll, wie nachmals sein jüngerer Bruder Ned, während der *Newgate Calendar* behauptet, er hätte eine Zeitlang in der Armee gedient; in jedem Fall kehrte er wieder zurück nach London und führte eine Existenz als charmanter Herumtreiber. Sein teilweise amüsant zu lesendes „Sündenregister" verrät, dass er ein absolut blitzgescheites Schlitzohr war, mit immer neuen raffinierten Einfällen. Dieselbe Raffinesse wies sein jüngerer Bruder Ned bereits als Jugendlicher und erst recht als Piratenkäpt'n auf…

Doch jeder Krug geht mal zu Wasser… Nach einem Einbruch in ein Anwesen in *Stepney* wurde Dick Low schließlich, mit zwei weiteren renommierten Kriminellen,

Steve Bunce und Jack Hall, gefasst und abgeurteilt. Richard hatte da übrigens noch „Ganovenehre" gezeigt – als Erster gestellt gab er vor, alles allein ausgeführt zu haben, um die beiden anderen nicht zu belasten. Er beteuerte außerdem vor dem Richter, nie einen Mord verübt zu haben.

Richards Lebenslauf war sehr typisch für einen jungen Mann aus „prekären" Verhältnissen in jener Zeit. Wer über mangelnde Schulbildung verfügte (weil das Geld hierfür fehlte), für den war die Auswahl an Tätigkeiten, die einigermaßen den Lebensunterhalt sicherstellen konnten, außerordentlich mager!

Und all jene machten dann über kurz oder lang „eine Fahrt nach *Tyburn*". Mancher war sogar jünger als Richard, noch unter 20 und doch schon „ein alter Hase" im Gewerbe.

Sofern Ned zu jener Zeit noch in London weilte, wird er samt seiner Familie der Hinrichtung seines Bruders beigewohnt haben. Es war üblich, dass die Delinquenten öffentlich eine kurze Sterberede hielten oder von einem Geistlichen unmittelbar vor der Exekution verlesen ließen, in der sie meist Reue über ihren Lebenswandel bekannten. Dem Wortlaut des *Tyburn Chronicle* zufolge *„drückte Richard sein Bedauern darüber aus, ein solch schlimmes Leben geführt zu haben, wobei er äußerte, wenn er es noch einmal leben könnte, würde er hoffen, sein Verhalten gänzlich zu ändern."*

Solche Sterbeansprachen (übrigens auch bei verurteilten Piraten üblich) sollten eine Mahnung auch an das Publikum sein, sich nicht zu Ähnlichem hinreißen zu lassen. Richard wird da in den letzten Momenten seines Lebens vor allem an seinen jüngeren Bruder gedacht haben. Und kaum wird der einstige „Straßenschreck" Ned so abgebrüht gewesen sein, dass ihn Dicks Schicksal kalt ließ. Man lernt Ned nachmals als

Familienmenschen kennen – so hinterließ der Verlust des Bruders gewiss Spuren…

Eine der zahlreichen ingeniösen Diebestaten Richard „Dick" Lows hat es sogar in eine deutsche Publikation („Historische Gemälde…") aus dem Jahr 1799 geschafft. Sie soll an dieser Stelle erzählt werden:

„Richard Low – Dieser Elende, der im Jahre 1707 gehangen wurde, wusste einen verübten Diebstahl auf die geschickteste Art zu verbergen, indem er den entwendeten Gegenstand zwar in dem Hause des Eigentümers ließ, aber ihn doch so versteckte, dass er ihn zu anderer Zeit ohne Mühe und Gefahr in seine Hände bekommen konnte.

Er ging an einem Vormittage in den Gasthof des Herrn Rayland in Clare Court in Drurylane und verlangte eine Stube für sich allein, weil er einige Freunde daselbst erwartete, mit denen er ohne Beisein anderer etwas zu sprechen hatte. Zugleich forderte er einige Getränke. Man brachte sie ihm nebst einem silbernen Becher. Nachdem nun Richard Low ausgetrunken hatte, nahm er etwas weiches Wachs, das er bei sich führte, und klebte das mit dem Becher unter dem Tisch an, so, dass man ihn… nicht sehen konnte. Er ging hierauf in das Nebenzimmer, wo sich der Wirt aufhielt, und meldete ihm, dass seine Freunde nicht kämen, so könnte er sich nicht länger aufhalten, sondern wollte seine Zeche bezahlen… Der Wirt nahm das Geld und ging sogleich in die Stube, in welcher Richard Low gewesen war, um seinen silbernen Becher zu holen. Da er ihn aber im ganzen Zimmer nicht finden konnte, so beschuldigte er Richard Low öffentlich eines Diebstahls. So sehr auch dieser schwor und fluchte, dass er den Becher nicht habe, so sehr beschwor der Wirt das Gegenteil. Richard musste sich endlich gefallen lassen, dass man ihn visitierte…"

(Richard muss in Begleitung der Gerichtsdiener zum Richter. Der aber lässt ihn laufen mangels Beweisen.)

„Sobald nun Richard zu seinen Diebesgesellen kam, schickte er einen davon in das Wirtshaus, der sich eben dasselbe Zimmer geben ließ, auch den versteckten Becher unter dem Tisch hervorlangte, zu sich steckte, und nachdem er den Wirt bezahlt hatte, zu seiner Diebesrotte zurückkehrte.“

In vielen Abhandlungen über Edward Low wird behauptet, auch er hätte als Jugendlicher Einbrüche und Taschendiebstähle begangen. Davon findet sich allerdings <u>kein</u> Hinweis bei *Captain Johnson*. Es gibt auch keinen Nachweis, dass er gemeinsam mit seinem Bruder zu solchen Aktionen losgezogen wäre. Aber man kann natürlich nachvollziehen, dass ein berüchtigter professioneller Dieb als Bruder auf Neds künftigen Werdegang einen Schatten warf, er somit von vornherein als „vorbelastet“ galt...

Boston

Edward Low hatte noch einen weiteren älteren Bruder, auf dessen Wunsch hin, wie uns *Captain Johnson* erzählt, „*er mit ihm zur See fuhr, und das für drei bis vier Jahre, bis sie sich trennten.*"

Man kann sich vorstellen, dass jener ältere Bruder, von dem wir künftig leider nichts mehr hören, auf Ned einwirkte, damit er nicht so endete wir Richard. Zur See fahren war für Heranwachsende aus „prekären" Verhältnissen ein damals gängiger Schritt in die Selbständigkeit (sofern man in der Nähe eines Hafens wohnte). Wie schon in der Einführung dargelegt erforderte der Dienst bei der Marine ein hohes Maß an Robustheit und war dabei kärglich entlohnt.

Ned hielt durch und blieb schließlich in Boston, Übersee, hängen. Es war auch wieder eine „Weltstadt", damals noch Neu-Englands bedeutendster Hafen, mit einer Fülle von Möglichkeiten für junge Männer, die seemännische Interessen und Kenntnisse hatten. Mit seinen nunmehr erworbenen Erfahrungen durfte sich Ned rund um die Bostoner Werften gute Chancen ausrechnen. Schließlich startete er eine Beschäftigung als Takler.

Auch wenn er zu diesem Zeitpunkt gewiss noch nicht mit der Piraterie liebäugelte – seine Tätigkeit sollte ihn mit wertvollen Kenntnissen versorgen! Im geschäftigen Bostoner Hafen schloss Ned Bekanntschaft mit den verschiedenen Schiffstypen, den Vorzügen und Nachteilen eines jeden Modells sowie vor allem ihrer speziellen „Segeltechnik". Er sollte nachmals so unterschiedliche Schiffe wie eine Brigantine, einen Schoner, eine Pinke und natürlich Schaluppen kommandieren.

Man kann sich gut vorstellen, dass zu jener Zeit in Ned der Wunsch erwachte, ein solches Schiff künftig zu führen oder gar zu besitzen – nur ließ sich zumindest Letzteres für einen Mann seiner Verhältnisse kaum realisieren…

Zunächst einmal verliebte er sich – die junge Dame hieß *Eliza Marble* und kam (so wird angegeben) aus gutem Hause! Im Sommer 1714 heiratete das junge Paar in der *First Church of Boston*. Bald danach waren sie wohl in Bostons *North End* gezogen, da Neds Frau ein Gemeindemitglied der dortigen *Second Church* wurde. An nämlicher Kirche predigte (allerdings erst ab 1723) Bostons puritanisches Urgestein *Cotton Mather*, der nicht nur von Lows Piraten heftig angefeindet wurde.

Zudem befanden sich im *North End* die Werften, wo Ned seinem Beruf nachging. Dem Vermerk einer Bostoner Schrift aus dem frühen 19. Jh. zufolge hat er für den wohlhabenden Bostoner Händler *William Clark* gearbeitet, dessen Handelsflotte er betakelte. Letzterer besaß dazumal nicht nur die größte Werft Bostons (*Clark's wharfe*) – Clark hatte sich 1713 im *North End* ein spektakuläres Anwesen errichten lassen, mit einem geradezu prachtvollen Interieur. Dieses wurde um 1830 leider abgerissen.

Das einstige „enfant terrible" aus Westminster hatte es demnach weit gebracht! Mochte er nach seiner Ankunft in Boston auch als einfacher Werftarbeiter gestartet haben, so war er schließlich ein *ship-rigger by trade*, also ein gelernter Takler, gewerblich tätig.[9]

Als Familienvater war Ned zweifellos darauf bedacht, ein gutes Auskommen zu erwirtschaften. Hatte Gattin Eliza auf den ungestümen jungen Mann einen mäßigenden Einfluss? Ganz sicher war sie, wie die meisten Bostoner Bürger,

---

[9]So geben es zumindest *Dow/Edmonds* an.

puritanisch erzogen – Boston war eine puritanische Gründung und nach wie vor puritanische Hochburg, wenngleich sich jene einstmals rigide protestantische Richtung gelockert hatte, zumal in einer solchen Metropole, wo viele Strömungen aufeinandertrafen. Elizas Familie mochte zu jenen gehören, die tolerante Ansichten vertraten, wie sie sich im 18. Jahrhundert immer mehr ausbreiteten.

Allerdings stellt sich die Frage: Wie konnte ein junger Mann, aus recht prekären Verhältnissen und frisch angekommen in der Neuen Welt, die Hand eines Mädchens aus gutbürgerlichem Hause ergattern?

Wir befinden uns im frühen 18. Jahrhundert! Da wurde (nicht nur in höheren Kreisen) noch sehr drauf geschaut, dass ein potentieller Schwiegersohn wirtschaftlich etwas zu bieten hatte und das soziale Umfeld passte. An dieser Stelle ein kleiner Abstecher zu dem schottischen Piraten *John Gow*. Noch zu seiner Zeit als ehrbarer Seemann hatte dieser Gow eine Dame aus seiner Heimat umworben.

„Er war zwar," so erzählt *Captain Johnson, „im Hause seiner* (künftigen) *Schwiegereltern willkommen; da aber Gows* (finanzielle) *Verhältnisse damals noch nicht so prächtig waren, versprach der Schwiegervater seine Zustimmung, sobald (Gow) den Posten eines Steuermanns ergattern konnte, und Gow hatte versichert, dass solches alsbald in Aussicht stünde."* Der gute Mann schien sich darum auch ernsthaft zu bemühen, brachte es aber „nur" zum Maat und Kanonier. Frustriert stieg er schließlich in die Piraterie ein.

John Gow ist nur ein Beispiel dafür, wie damals die Dinge lagen. Ehen aus Neigung waren daher eher selten. Wenn er auch einer geregelten Tätigkeit nachging, so warb sein wirtschaftlicher und sozialer Hintergrund (mit einem prominenten Dieb als Bruder) eigentlich nicht für Ned. Hatte der temperamentvolle Mittzwanziger mit seinem unbeschwerten, rauen Humor (wie ihn einer seiner späteren Gefangenen beschreibt) Eliza Marbles Herz dennoch im Sturm erobert, so dass die Schwiegereltern großzügig einwilligten?

Dies setzt allerdings voraus, dass Ned, der einstige Straßenrowdy, einigermaßen kultivierte Umgangsformen beherrschte. Auch wenn er noch so *charming* war – er hätte diesen Schritt nicht geschafft. Das führt uns wieder zurück nach *Westminster*. Sollte er als Jugendlicher tatsächlich in irgendjemandes Diensten gestanden und sich dadurch bedingt häufig am *House of Commons* aufgehalten haben, konnte er vom Abschauen lernen, wie man als Gentleman auftrat. Möglicherweise hatte er sich spätestens bei der Gelegenheit auch im Lesen und Schreiben einige Kenntnisse erworben.

Noch etwas sollte allerdings nicht übersehen werden: Die *Colonial Society of Massachusetts* legt dar, dass „*der Familienname Low weit verbreitet war im 17. und 18. Jh. ... in Massachusetts*".[10] Das heißt: Ned hatte möglicherweise in und um Boston einige Verwandtschaft. Diese mag ihm Türen geöffnet haben, auch hinsichtlich der Familie seiner künftigen Braut. Vielleicht hatte sich Ned überhaupt aufgrund gewisser verwandtschaftlicher Beziehungen dort niedergelassen.

Das „alte Leben" schien jedenfalls für ihn abgehängt. Dennoch unternahm er, wie bereits erwähnt, um 1718 noch einmal die weite Überfahrt in seine Heimat, um seine Mutter zu besuchen, die sicher überglücklich die Neuigkeiten empfangen hat: Ihr Sorgenkind verheiratet mit einem Mädchen aus guten Verhältnissen – und dazu noch in „Amt und Würden"! Es sollte das letzte Wiedersehen mit der Mutter bleiben, die nach *Capt. Johnsons* Angabe 1723/24 noch lebte (damals also in die 60 gewesen sein muss!).

---

[10] www.colonialsociety.org („A musical gathering")

Bereits kurz nach seiner Heirat hatte die Missgunst des Schicksals Neds Leben ein weiteres Mal verdunkelt: Sein und Elizas erstgeborener Sohn starb bald nach der Geburt!

Dies war natürlich ein Geschick, das damals viele Familien ereilte. Im Februar 1719 kam ein zweites Kind zur Welt – Tochter Elisabeth. Während sie die Geburt gesund überstand, wurde die Mutter (wahrscheinlich vom Kindbettfieber) dahingerafft!

Für Ned muss sich ein Abgrund aufgetan haben. Mit seinen an die dreißig Jahren war er ein vom Schicksal bereits schwer geschlagener Mann. Der Mensch, der sicher in entscheidendem Maße dazu beigetragen hatte, seinem Leben Stabilität und Harmonie zu geben, war ihm genommen worden! Dass Ned seine Rolle als Ehemann ernst genommen hatte und die Verbindung eine glückliche war, erschließt sich aus seinem späteren Verhalten als Pirat: Verheiratete Gefangene wurden grundsätzlich nicht zwangsrekrutiert (außer sie wollten von sich aus Pirat werden)…

Er stand nun da als allein erziehender Vater. Da er tagsüber weiterhin als Takler arbeitete, übernahmen mit Sicherheit die Schwiegereltern die Betreuung der kleinen Elisabeth.

Hatte der Verlust der Partnerin die schwierigen Wesenszüge in Ned wieder zum Vorschein gebracht? Ungefähr zwei Jahre nach Elizas Tod beendete er, laut *Captain Johnson* nach einer Auseinandersetzung mit seinen Vorgesetzten, die Tätigkeit, mit der er bislang seinen Lebensunterhalt verdient hatte. Was letztendlich zur Beendigung seiner (doch sicher lukrativen) Tätigkeit als Takler geführt hat? Man kann nur spekulieren. Auftragsmangel gab es auf *Clark's wharf* sicher nicht. Allerdings: Im Jahr zuvor war ja die „Südseeblase" geplatzt; und das hatte natürlich auch auf die Wirtschaft in den Kolonien Auswirkungen…

Wenn auch Ned während seiner Zeit in Boston von Beruf und Familie in Anspruch genommen war, so schien es dennoch unvermeidlich, dass er mit dem Thema „Piraten" in Berührung kam – die Taten derzeit agierender berüchtigter Piraten wie *Blackbeard* oder *Charles Vane* boten in Hafen und Stadt ständigen Gesprächsstoff; 1717 waren darüber hinaus in Boston einige überlebende Mitglieder der Crew von *Samuel Bellamy* nach dessen Schiffbruch gehängt worden – diese spektakuläre Hinrichtung ist sicher nicht an Ned vorübergegangen.

Blutholz

Im Laufe des Jahres 1721 heuerte Ned auf einer Schaluppe an, deren Ziel der Golf von *Honduras* war. Von dort sollte eine Ladung des damals höchst begehrten Blutholzes geholt werden. Die neue Tätigkeit führte ihn also von Boston weg, zumindest vorübergehend. Seine Tochter Elisabeth hatte er zweifellos in der Obhut der Schwiegereltern zurückgelassen. Was ihn sicher sorgenvoll gestimmt hatte, war, dass zu eben jener Zeit in Boston eine schwere Pocken-Epidemie wütete, der viele Einwohner zum Opfer fielen.

Der Auftrag in *Honduras* war auch nicht ohne Brisanz: Das wertvolle, nur in Mittelamerika sowie der Karibik wachsende Holz wurde illegal geschlagen, auf spanischem Territorium. Damals machte man das in großem Stil – ständig trieben sich Schiffe aus dem Norden im Golf von *Honduras* herum, um Blutholz aufzuladen, das von Boston aus in alle Welt vertrieben wurde, hauptsächlich als Färbemittel für Kleidung. Legale Piraterie sozusagen. Der Erbfolgekrieg lag ohnehin noch nicht lange zurück, und damalige Zeitungsartikel veranschaulichen, wie erbittert der „Krieg ums Blutholz" zwischen Spaniern und Eindringlingen noch Jahre währte...

Die Spanier versuchten nämlich diese Räubereien in ihrem Hoheitsbereich wirksam zu unterbinden und ließen Küsten sowie Buchten durch Patrouillen überwachen. Wer erwischt wurde, durfte nicht auf Gnade hoffen. Profitgier hielt die Auftraggeber dennoch nicht ab, immer weitere Ladungen zu requirieren.

Da Ned nun keine furchtsame Natur war, schien er für so ein Unterfangen der richtige Mann. Und ein derart heikler Job war sicher recht attraktiv entlohnt (was für Low in seiner derzeitigen Lage vor allem gezählt haben dürfte). Als „Patron" befehligte er eine kleine, zwölfköpfige Mannschaft, die in einem Boot zur Küste geschickt wurde – laut *Captain Johnson* mit dem Auftrag, das Holz zu schlagen und per Boot zur Schaluppe zu transportieren.

Muss man sich das so vorstellen? Blutholzbäume wuchsen ja nicht unmittelbar am Strand; die Fälltrupps mussten für ihre Arbeit ziemlich ins Landesinnere des heutigen *Belize* vordringen. Diese Gegenden waren auf alten Karten mit der Bezeichnung „*logwood cutters*" (= die Blutholzfäller) markiert.

Mengen dieser „*logwood cutters*" hausten bereits an den Küsten und wurden deshalb auch „Baymen" genannt. Diese abgebrühten Gesellen lebten davon, das Holz aus dem Hinterland zu beschaffen und an die Küste zu transportieren, damit es dort von Booten aufgeladen wurde. Letzteres dürfte Neds Funktion gewesen sein: Ladungen von bereits gefälltem Holz abzuholen. Das musste unter Zeitdruck geschehen, bevor man von spanischer Seite ertappt wurde. Für den Verteidigungsfall trugen Ned und seine Leute bei ihrer Arbeit Waffen. War das Boot voll, beförderten sie ihre Ladung zum Schiff zurück.

Lassen wir *Captain Johnson* weiter berichten:

„Es traf sich nun, dass das Boot eines Tages zum Schiff kam, als das Abendessen gerade bereitet war, und Low bat darum, (mit seiner Truppe) zu bleiben und zu speisen; der Käpt'n aber, unter Zeitdruck mit seiner Ladung, ließ ihnen eine Flasche Rum zukommen, und befahl ihnen, eine weitere Runde zur Küste zu machen, da keine Zeit vergeudet werden sollte. Das provozierte die Bootscrew, jedoch vor allem Low, der eine geladene Muskete aufnahm und auf den Käpt'n abfeuerte, ihn allerdings verfehlte und einen (neben ihm Stehenden) in den Kopf traf."

Diese Darstellung nennt als Auslöser der Eskalation Ned Low. Man versetze sich aber mal in Low und seine Mannschaft. Wie viele Runden mochten sie schon vom Schiff zur Küste zum Aufladen „im Akkord" und wieder zurück gemacht haben, als sie zur Dinnerzeit eintrafen und den Duft des Essens rochen, an dem man sich an Bord gütlich tat! Und dann wurde ihren knurrenden Mägen – zynischerweise – eine Flasche Rum offeriert! Nach dem (Königin *Marie Antoinette* allerdings wohl zu Unrecht zugeschriebenen) Motto: „*Wenn sie kein Brot haben – sollen sie doch Kuchen essen!* (pardon: Rum süffeln)"

Als ob mit Rum auf nüchternen Magen gut arbeiten wäre! Natürlich – da ging Neds vulkanisches Temperament mit ihm durch. Mit dieser Aktion hatte er sich unwiederbringlich in die Bahn eines Gesetzlosen katapultiert, im Bruchteil eines Augenblicks! Die Folge eines von vornherein „faulen" Jobs…

Eilends machte sich Ned mit seiner zwölfköpfigen Truppe, die übrigens einmütig hinter ihm stand, von dannen, einem Piratendasein unaufhaltsam entgegen.

Hier gibt es nun ein Problem: Ned Lows so „spektakulärer" Start seiner berüchtigten Piratenkarriere scheint außer bei *Captain Johnson* nirgends belegt. Solche Meuterei mit einem Todesopfer hätte doch in den Bostoner Zeitungsmedien Erwähnung finden müssen, da erstens: Ned ein Bostoner Bürger gewesen war; zweitens die Blutholzschaluppe, auf der er angeheuert hatte, aus *Boston* losgefahren war.

Freilich kann sich alles so, wie *Captain Johnson* es darlegt, zugetragen haben (er hatte ja in London Gelegenheit, herumzufragen). Womöglich aber hatte er, wie auch an anderen Stellen seines Werkes,[11] etwas dicker aufgetragen. Hatte es

---

[11] Siehe z. B. Kapitel „Das Blutbad"

wirklich ein Opfer durch Musketenschuss gegeben? Waren die Meuterer überhaupt die Ersten, die das Feuer eröffnet hatten?

Bereits jetzt sei vorweggenommen, dass *Captain Johnsons* Angaben, sofern sie nicht durch andere Quellen (wie etwa Zeitungsberichte) gestützt werden, mit Vorbehalt benutzt werden sollten.

Der Meister und sein Lehrling

Nach der fatalen Auseinandersetzung am Schiff hieß es für Ned und sein Dutzend Mann Fersengeld geben. Ohne zu säumen kaperte man, laut *Captain Johnson*, gleich am folgenden Tag ein größeres Boot als das, worin man geflohen war. Da nun die Dinge unabänderlich schienen, machte Ned „Nägel mit Köpfen", fertigte eine schwarze Flagge und *„erklärte der Welt den Krieg"*. So dramatisch dies klingt – es war eine Art Formel bei den Piraten. Ned jedoch sollte diesen Schwur in den nächsten Jahren getreulich erfüllen.

Man sieht auch: In die Piraterie einzusteigen war zu jener Zeit absolut „trendy" bei den Unzufriedenen der Gesellschaft. Die Taten berüchtigter Piratenkapitäne waren im zweiten und dritten Jahrzehnt des 18. Jahrhunderts in aller Munde und fanden unter jungen seefahrenden Männern unaufhörlich Nachahmer. Selbst dass die meisten ihrer Vorbilder am Galgen landeten, schreckte sie nicht ab. Wie sie wollte man sich einen furchterregenden Namen machen, der die Obrigkeiten erzittern ließ...

Unser frischgebackenes Team nahm, weiterhin *Captain Johnson* zufolge, zu Beginn des Jahres 1722 Kurs auf die zwischen Honduras und Kuba gelegenen *Caymaninseln*. Jene kleinen Inseln galten als beliebter Schlupfwinkel für Piraten – und einen dienstälteren „Kollegen" sollte Ned auf *Grand Cayman* prompt treffen; auch noch einen, der seinen Namen gleichsam echote: *George Lowther*, ein Landsmann.

Lowther hatte seinerzeit eine solide Karriere als Zweiter Maat gestartet, wie so viele nachmalige Piratenkapitäne. Erst unlängst (im Sommer 1721) hatte er sich, nach Differenzen mit seinem Vorgesetzten an der Küste von *Gambia*,

„verselbständigt". Den Neuling mit seiner Handvoll Gesinnungsgenossen nahm er bereitwillig in seine Crew auf. Ned erhielt den Rang eines Lieutenant, in dem er sich die nächsten Wochen zu bewähren hatte.

Ein erstes Opfer ging ihnen auch bald ins Netz: Das Handelsschiff „Greyhound". Es besaß die Kühnheit, dem piratischen Zugriff zunächst Widerstand zu leisten. Schließlich ergab man sich doch, was zur Folge hatte, dass die Mannschaft von den Siegern arg Prügel bezog. Das war gängige Praxis bei den Piraten, wenn die Beute der ersten Aufforderung, sich zu ergeben, nicht umgehend nachkam. Aus diesem Grunde unternahmen die meisten, für bewaffnete Auseinandersetzungen zu bescheiden ausgerüsteten Handelsschiffe erst gar keinen Versuch der Gegenwehr. In solchem Fall blieb ihnen eine rüde Behandlung – zumeist – erspart.

Der Maat dieses gekaperten Schiffes, *Charles Harris*, der offensichtlich nicht ganz gegen seinen eigenen Willen von den Siegern rekrutiert wurde, sollte später als Lows Weggefährte noch eine tragende Rolle spielen.

Unter weiteren erfolgreichen Kaperungen im ergiebigen Golf von *Honduras* befanden sich, was nicht ausbleiben konnte, etliche Blutholzschiffe, die nach Umquartierung ihrer Crew nachweislich verbrannt oder versenkt wurden, mitsamt der kostbaren Ladung. Verriet sich hierin eine „Rache-Maßnahme" Lows? Sein Zorn auf die Blutholz-Geschäftemacher war ja noch frisch – und womöglich befand sich unter den Gekaperten gar das Schiff, auf dem er Wochen zuvor gemeutert hatte...

Bald darauf disponierte Commodore Lowther über vier Schiffe. Diese Mini-Flotte muss dessen Lieutenant Low tief beeindruckt haben – denn Letzterer baute sich künftig auch einen solchen Verband auf, mit dem er gewaltig Schrecken verbreitete.

Nach diesen Erfolgen wurde erst einmal eine Pause für ausgiebige Schiffsreinigung – das unumgängliche Kielholen – anvisiert. Auch solches gehörte zum Piratenalltag. Hierfür steuerten sie *Port Mayo* an der mittelamerikanischen Küste an. Das Kapitänsporträt *George Lowthers*, welches *Captain Johnsons* „Piratengeschichte" illustriert (übrigens ebenfalls von *Joseph Nicholls* kreiert), stellt eben dieses Ereignis dar: Vor einer Zeltunterkunft steht in stolzer Pose Commodore Lowther; rechts im Hintergrund wird gerade am Strand das Schiff zum „Schrubben" vorbereitet. Links hinter Lowther tun sich unter dem Zeltbaldachin drei Männer an einem Punsch gütlich; ein näherer Blick lässt vermuten, dass hier Lowthers „Unterbosse" gezeigt werden – der Pfeife rauchende stämmige Mann ganz links möglicherweise als Edward Low (er trägt auch hier lange Hosen!), eventuell in Gesellschaft seiner künftigen Vize-Kommandanten *Spriggs* und *Harris*.

Diese Idylle wurde allerdings zerstört: Nach dem anschaulichen Bericht des „Boston News Letter" (Mai 1722)

„... gab es, kaum dass sie all ihr Gut mitsamt Beute an Land gebracht hatten, ein Erdbeben..., so dass alles einsackte, und so schnell sie sich bemühten, ihre Habe weiter hinauf an Land zu bringen, sackte es noch mehr ein und versank... und dann fielen auch noch die Spanier und Indios über sie her, was sie dazu nötigte, ihr eigenes Schiff zu verbrennen und auf ihren drei Schaluppen Zuflucht zu nehmen ..."

Solche Rückschläge gehörten zum Piratenalltag – fern jeder Hollywood-Romantik. Für Low und *Charles Harris* war es in jedem Fall eine ereignisreiche Lehrzeit, in der sie für alle Eventualitäten eines solchen Daseins geschult wurden.

Ned schien sich auch bald fit für den Schritt in die Selbständigkeit zu fühlen. Mit seinem aufbrausenden Temperament war er für Lowther sicher kein einfacher Untergebener. Und *„da er sich"*, so *Captain Johnson, „als allzeit sehr aufsässiges Mitglied des Commonwealth (!) erwies, stets vorandrängend und niemals zufrieden mit den Ausführungen des Kommandeurs (Lowther), hielt Letzterer es für das Sicherste, ihn loszuwerden, egal unter welchen Bedingungen. Und gemäß der Abstimmung der Mannschaft schieden sie voneinander…"* – nach einem knappen halben Jahr Gemeinschaft.

Wieder einmal zeigt sich: Ned Low war nicht dafür geschaffen, jemanden über sich zu dulden. Er war allerdings damit kein Einzelfall. Piratenkapitäne waren oft starke Individualpersönlichkeiten – nicht umsonst hatten sie sich regulärer Autorität entzogen. Es kam vor, dass man sich, wie Low und Lowther, vorübergehend zusammenschloss; bei zufälligen Begegnungen auf See oder an Land. Der berüchtigte Kapitän *Howel Davis* tat sich auf solche Weise mal zusammen mit dem französischen Piraten *Olivier La Bouse* sowie einem weiteren „Kollegen", dem er über den Weg segelte. Dieses Dreigestirn war sich auch nicht dauerhaft grün. Als es (wie so oft) bei einem Trinkgelage aneinandergeriet, plädierte Käpt'n Davis für umgehende Trennung, da drei Köche sozusagen den Brei verderben. Wie Low und Lowther trennte man sich im Guten, gemäß dem Piratenkodex.

Eines ist noch bemerkenswert: Laut *Captain Johnson* verabschiedete sich Low mit exakt der Hälfte der Mannschaft seines Lehrers. Man hätte nicht erwartet, dass dem bisherigen Lieutenant eine so große Zahl von Lowther-Leuten folgte (darunter auch der zweite Unterboss Harris). Alles war aber ganz demokratisch abgelaufen, indem über 40 Mann Low „*zu ihrem Käptn gewählt hatten*".

Offenbar hatte demnach der Schüler seinen Lehrer an Beliebtheit überflügelt. Für den dienstälteren Piraten Lowther bedeutete diese Trennung einen empfindlichen Verlust; es sollte ihm nachmals nicht mehr gelingen, eine stärkere Crew aufzubauen und zu jenen Glanzzeiten zurückzukehren, wo er mit einer Mini-Armada die Karibik unsicher gemacht hatte.

Sein Ex-Schüler hingegen sollte bereits knapp drei Wochen später hoch im Norden seinen ersten großen Coup landen. Low und Lowther begegneten sich später verschiedentlich wieder und taten sich abermals vorübergehend zusammen, wie andere Piratenchefs auch.

Wollte auch der Künstler *Joseph Nicholls* eine gewisse Gegensätzlichkeit jener beiden Piratencharaktere in seinen Porträts ausdrücken? Wie ein vollkommener Gentleman präsentiert sich bei ihm *George Lowther* in Kniehosen und perfekt sitzendem Rock, dazu geschmücktem Hut und Degen, fast ein wenig elitär und militärisch stramm - Ned Low hingegen in wenig gesellschaftsfähigen *trousers*, langmähnig, „hemdsärmlig". Diverse Zeitzeugen (etwa ehemalige Gekaperte Lows und Lowthers) mochten dem Maler das typische Erscheinungsbild jener beiden Piraten geschildert haben...

Lowthers Abstammung gibt ebenfalls einigen Spekulationen Raum: Nicht undenkbar, dass er „besseren Verhältnissen" entstammte – denn der Name Lowther taucht so selten nicht bei britischen Würdenträgern auf. So existierte zu jener Zeit ein Gouverneur von *Barbados* dieses Namens. Man denke auch an *Lowther Castle* (Stammsitz der *Viscounts of Lonsdale*) in *Cumberland*...

Das riecht hochkarätig – aber selbst eine solche Abstammung schützte nicht immer vor Verarmung (die einzelne Zweige solcher Familien betreffen konnte), so dass Söhne auf die unattraktive Stellung eines Maates auf einem Sklavenschiff zurückgreifen mussten.

Philip Ashtons „schwarzer Tag"

Ende Mai 1722 hatten Lowther und Low eine Brigantine, auf ihrem Weg nach Boston, gekapert. Dieses Schiff namens „Rebecca" überließ Lowther nun seinem Weggefährten, damit dieser sich verselbständigen konnte. Für die zahlreichen Passagiere der „Rebecca", darunter fünf Frauen, organisierte Low gentlemanlike umgehend eine neue „Mitfahrgelegenheit" (ein nicht näher bekanntes Schiff) zu einem sicheren Hafen.

Der Neustarter zeigte, entlang der nordamerikanischen Atlantikküste segelnd, alsbald, dass er seine Lektionen gut gelernt hatte. Es wurde die Kriegsmarine mobilisiert, die sich auf ihre Fersen heftete, doch Low stellte sogleich seine berüchtigte Raffinesse im Entwischen unter Beweis. Er schien, was die Aktivitäten von Kriegsschiffen anbelangte, auf dem Laufenden zu sein. Logbucheinträge, Unterlagen auf gekaperten Schiffen sowie Informationen kooperierender Seeleute – all das half Piraten, in Ermangelung von Funk und Email, „up to date" zu sein...

Im Frühsommer 1722 führte er dann weiter nordwärts seinen ersten großen Coup aus in *Port Roseway*, an der Südostküste von *Neuschottland*. Es sollte nicht der letzte Überfall innerhalb eines Hafens bleiben in Neds Karriere.

Port Roseway (heute Shelbourne) war an jenem Tag, kurz vor dem Wochenende, mit mehr als einem Dutzend kleineren Schiffen belegt, zwischen denen Ned seine Brigantine frech „parkte", ohne dass das jemand zunächst verdächtig vorkam. Philip Ashton, Fischerkapitän eines dieser Schiffe, dem ein schicksalhafter Tag bevorstand – denn er geriet gleich darauf in die Gewalt Lows, bei dem er als zwangsrekrutiertes

Crewmitglied neun lange Monate verbringen sollte - schildert, wie der dreiste Handstreich vonstatten ging:

„Ein mit vier Mann besetztes, von der Brigantine kommendes Boot legte an unserer Seite an; die Herren begaben sich zu uns an Deck, ohne dass wir irgendeinen schlimmen Verdacht schöpften – bis sie ihre Entermesser und Pistolen unter der Kleidung hervorzogen... und die Übergabe des Schiffes mitsamt uns selbst verlangten. Es war zu spät für uns, ... an Befreiung aus ihrer Gewalt zu denken... und da wir nicht imstande waren, Widerstand zu leisten, waren wir genötigt, uns ihrem Willen und Gefallen auszuliefern. Auf diese Weise überrumpelten sie an diesem Abend... 12 oder 13 Fischerboote.“

Ned ließ demnach eine Handvoll Männer per Boot von einem der vor Anker liegenden Schiffe zum nächsten rudern und deren kleine Besatzungen nacheinander ohne jedes Aufsehen überwältigen – bis sozusagen der ganze Hafen in seiner Hand war. Neben materieller Beute wurde hauptsächlich nach neuen Crewmitgliedern Ausschau gehalten. Eine Verstärkung seiner Mannschaft war für Low nämlich dringend notwendig. Da er außerdem die Brigantine Rebecca für seine Zwecke als nicht mehr passend ansah, riss er sich bei dieser Gelegenheit noch einen daselbst vor Anker liegenden, ansehnlichen Schoner, den sein Kennerblick ausgemacht hatte, „unter den Nagel“.

Ehrbare Seeleute in Dienst zu pressen (sofern nicht genug Freiwillige die Crew verstärkten), war bei Piraten gängige Praxis. Wer das für infam hält, sei daran erinnert, dass man sich solches von der Kriegsmarine abgeschaut hatte, die gern ihre berüchtigten Press-Gangs aussandte. In seiner regierungskritischen Zeitung „Mist's Journal“ (London, 1728) lässt sich *Nathaniel Mist* über eben diese Zustände aus:

„Ich weiß vom Hörensagen, dass Zwangsrekrutierungen nur im Notfall durchgeführt werden – aber wer entscheidet, dass es sich um einen Notfall handelt? Nun ja, wie es scheint, die Admiralität."

Die Piraten setzten da also nur eine „Tradition" fort. Gewöhnlich wurden junge, robuste und gesunde Männer ausgewählt. Der erst neunzehnjährige *Philip Ashton* war ein solcher Kandidat und hatte das Pech, die Musterung vor Low zu bestehen, gemeinsam mit noch fünf „Auserwählten". Er beschreibt sein Entsetzen angesichts solcher Aussichten:

„Low schickte auf der Stelle nach mir, und gemäß der bei den Piraten herrschenden Sitte und in ihrem eigentümlichen Dialekt fragte er mich, ob ich ihre Satzung unterzeichnen und mit ihnen gehen würde."

Ashton wagte es, kategorisch abzulehnen, und sollte nun Low kennenlernen. Es folgte eine zweite „Befragung":

„...und Low kam herauf zu uns mit der Pistole in der Hand und fragte: „Sind welche von euch verheiratet?" Diese knappe und unerwartete Frage sowie der Anblick der Pistole machte uns alle stumm und nicht einer von uns kriegte ein Wort raus.... Unser Schweigen entflammte den Zorn unseres neuen Vorgesetzten... und in Rage zückte er die Pistole, drückte sie an meinen Kopf und brüllte: „Du Hund! Warum gibst du mir keine Antwort?" ... Ich war hinreichend perplex angesichts des Grimms dieses Mannes... und schließlich wagte ich es, ihm zu sagen, dass ich nicht verheiratet wäre.... Daraufhin schien er irgendwie besänftigt und kehrte sich von uns ab."

Ashton, dem Lows Frage nach dem Familienstand merkwürdig vorgekommen war, fährt fort: *„Wie es scheint, war es seine Absicht, keinen verheirateten Mann mit sich wegzuführen, wie jung er auch sein mochte, worüber ich mich oft gewundert hatte, bis ich eine beträchtliche Zeit mit ihm* *unterwegs gewesen war und an ihm eine Unruhe in den Stimmungen seines Gemüts beobachten konnte und die Umtriebe seiner Zuneigung zu einem jüngeren Kind, das er in Boston hatte..."*

Offenbar gab es in Lows Crew eine Regelung, keine verheirateten Männer gegen ihren Willen aufzunehmen (wenn dies auch nicht in seiner Satzung schriftlich niedergelegt war). Er wusste um seinen eigenen Zustand, den Zwiespalt, in dem er selbst feststeckte, und der ihm – laut Ashtons Beobachtung - auch zu schaffen machte: Das eigene Kind und sein „ehrbares" Leben hinter sich gelassen zu haben, wenn auch nicht mit Vorsatz. Ned ging wohl davon aus, dass jeder von seiner Familie gewaltsam ferngehaltene Mann ähnlich empfinden musste und daher für piratische Unternehmungen von vornherein untauglich war.

So erklärt es auch Ashton: *„... und dann kam ich zu dem Schluss, dass der Grund, nur unverheiratete Männer zu rekrutieren, wahrscheinlich der war, dass er keinen bei sich haben wollte unter dem Einfluss so mächtiger Anziehungskräfte wie Frau und Kinder, damit sie nicht unruhig wurden unter seinem Kommando und eine Neigung bekamen, zu desertieren..."*

Und damit war Ned sogar „rücksichtsvoller" als die legalen Press-Gangs. Wie *Nathaniel Mist* (in obigem Artikel) ausführt, fing die Marine nämlich beileibe nicht nur Herumtreiber, sondern auch verheiratete Männer ein!

Zwangsrekrutiert wurden bei dem Streich von *Port Roseway* unter den zahlreichen gefangenen Seeleuten „nur" ein halbes Dutzend Mann; wie oben beschrieben legte man diesen zunächst nahe, die Piratensatzung zu unterschreiben (in diesem Fall wurden Neuzugänge zu gleichberechtigten Mitgliedern der Gemeinschaft mit allen Rechten und Pflichten – freilich wurden sie damit aber auch Outlaws). Wer sich (wie Ashton) weigerte, wurde von Kapitän und Mannschaft erstmal ordentlich bearbeitet; darunter waren jedoch keine schlimmen Misshandlungen zu verstehen, weil man die Neuen ja brauchte. Ashton schildert, wie Low und seine Crew sich alles Mögliche einfallen ließen, ihn umzustimmen: Auf die kumpelhafte Tour, indem sie ihn betrunken zu machen suchten und ihm von einem ungezwungenen Leben in einer fröhlichen Gemeinschaft vorschwärmten; oder mittels Drohungen, ihn umzubringen, die Ashton allerdings nicht mehr schreckten, als er davon erfuhr, dass Lows Satzung verbot, Crewmitglieder an Bord zu ermorden – und diesen Paragraphen nahm Ned Low während seiner ganzen „Amtszeit" sehr ernst!

Einige der Neuen wurden mit der Zeit „weich gekocht"; die anderen hartnäckigen schrieb man irgendwann einfach ein ins Mannschaftsbuch. Für Ashton war die erste Zeit natürlich äußerst gewöhnungsbedürftig. Ihm wäre es, noch in *Port Roseway*, beinahe geglückt, von Bord zu entwischen. Er erzählt:

„… Es bot sich eine Gelegenheit, die mir einige Hoffnung gab, ihnen zu entrinnen; einige von Lows Leuten, die in Port Roseway an Land gewesen waren zum Trinkwasserholen, hatten nämlich einen Hund (der Low gehörte) zurückgelassen; und als Low beobachtete, wie der Hund an Land heulte, mitzukommen, beorderte er einige Mann, das Boot zu nehmen und ihn zu holen. Zwei junge Männer… sprangen bereitwillig ins Boot, und ich (der sehr wohl wusste, dass es ihre Absicht war, sich abzusetzen…) stieg über die Seite ins Boot; aber der Quartiermeister… erspähte mich und packte mich an der Schulter, zog mich an Bord und sagte mir unter Fluchen: „Zwei sind genug!"

Ashton sollte mit seiner Ahnung richtig liegen: Die Zwei machten sich aus dem Staub, so dass Low nicht nur sie, sondern das Boot sowie seinen Hund einbüßte. Ohne Boot war es nicht mehr möglich, an Land zu kommen. Ashton wäre beinahe der Rage des Quartiermeisters Russel zum Opfer gefallen, der schon ein wachsames Auge auf ihn gehabt hatte und ihn natürlich sogleich einer Verschwörung verdächtigte. Wehmütig musste er von seiner Hoffnung auf Flucht vorerst ablassen.

Als unfreiwilliges Mitglied eines „wüsten Teams" sollte er jedoch ein außerordentlich bedeutsamer Zeuge der „ersten Saison" Ned Lows werden. Die nächsten Kapitel bis zu seiner Flucht ein Dreivierteljahr später werden seine Angaben und Beobachtungen im Mittelpunkt stehen, und es wird sich zeigen, dass er unserer Hauptquelle *Captain Johnson* in manchem Detail widerspricht oder sie wesentlich ergänzt.

Philip Ashton sollte nicht der einzige renitente unter den Zwangsrekrutierten in Lows Team bleiben. Während die meisten sich irgendwie mit ihrer Lage arrangierten (so wie Ashton), bis sich eine Fluchtgelegenheit ergab, trug ein gewisser Sweetser schwer an seinem Los – man weiß, dass er einmal in seiner Verzweiflung stundenlang den ganzen Schiffsbauch zusammenbrüllte, woraufhin ihn Low an den Mast binden ließ und mit Auspeitschen drohte. Es blieb bei der Drohung. So wäre wohl ein ähnlich renitenter Seemann auf einem Handels- oder Kriegsschiff kaum davongekommen. Piraten aber waren auf alle Hände angewiesen und gaben die Hoffnung nicht auf, auch Hartnäckige irgendwann für sich zu gewinnen.

„Rose" und „Fancy" auf Beutezug

Low setzte seinen Raubzug auf seiner neuen Errungenschaft, dem schnelleren Schoner fort, den er in „Fancy" umgetauft hatte. Es war üblich, dass Piraten erbeuteten Schiffen, die sie dann behielten, Namen ihrer Wahl verpassten. Dass er die ihm von Lowther seinerzeit angedrehte Brigantine „Rebecca" nicht umbenannt hatte, verrät: Ned hatte von vornherein nicht vorgehabt, dieses *„zu schwerfällige"* Schiff länger als nötig zu behalten. Deshalb hatte er auch ihren Kapitän bis nach *Neuschottland* mitgeschleppt. Sobald er in *Port Roseway* mit Sack und Pack auf den Schoner umgezogen war, übergab er die „Rebecca" wieder ihrer früheren Leitung, die dann ihrerseits nach langem Umweg ihre Reise nach Boston endlich fortsetzen konnte. Dort interessierte sich natürlich die Presse brennend für ihr ausgedehntes „Abenteuer".

Low hatte sich hier kurios verhalten. Wäre es für ihn nicht weniger umständlich gewesen, die Brigantine nach Piratenmanier zu verbrennen oder einfach im Hafen *Roseway* zurückzulassen, sobald sie nicht mehr gebraucht wurde (womit sich auch erübrigt hätte, ihren Kapitän mitzuschleppen)?

Ein großmütiger Akt, der vielleicht in Neds Wahlheimat *Boston* Eindruck machen sollte. Was das Verbrennen und Sinken gekaperter Schiffe anbetraf, so zeigte sich Low auch künftig sparsamer, als es etwa von *George Lowther* oder *Barty Roberts* überliefert wird – Letzterer soll in einem Hafen über 20 Fischerboote abgefackelt haben. So weit sich erschließen läßt, vernichtete Ned lediglich Schiffe, deren Kapitäne oder

Eigner durch seine „Qualitätskontrolle" gefallen waren, also mit materiellem Schaden abgestraft wurden.[12]

Nicht weniger kurios: In Charlestown (bei Boston) wurden diverse von den Piraten auf der „Rebecca" zurückgelassene Sachen öffentlich versteigert, und zwar u.a.

„...eine scharlachrote Jacke, 2 Paar stählerne Rahen, ein Wimpel, zwei Dutzend Teller, zwei Briefchen Nadeln, fünf Hornbücher, Wollstoff, ein Hauptsegel, Segelbaum sowie kleines Boot... " („Boston News-Letter" Juli 1722)

Mit der „Fancy" segelte Ned weiter nordwärts – und gelangte schon bald in französisches Hoheitsgebiet. Nach der Kaperung eines französischen Schiffes geriet die Küste in Alarmbereitschaft. Laut *Dan Conlin*

„warnte der französische Kapitän Louisbourg vor dem Piraten-Schoner. Louisbourg war auch schon von dem englischen Gouverneur in Annapolis gewarnt worden, nachdem er von Lows Raubzug in Port Roseway Kenntnis erhalten hatte. Die Bedrohung durch einen Piratenangriff veranlasste den amtierenden französischen Gouverneur... eilends Kanonenbatterien zu errichten – 13 Kanonen auf dem Festland sowie sieben schwere 24-Pfünder auf der Insel, die die Hafeneinfahrt bewachte. Dies war der Beginn der für die Festung Louisbourg wichtigen „Insel-Batterie"... die in der Tat als eine Verteidigung gegen Piraten begann."

Low hatte sich also rasch einen respekteinflößenden Ruf erworben – die 1713 gegründete und nach dem Sonnenkönig benannte Festung *Louisbourg* wollte nicht so „nackt dastehen" wie *Port Roseway (Shelburne)*. Ned versuchte erst gar nicht

---

[12] dazu auch Kapitel „Das Blutbad"; betroffene Kapitäne plus Mannschaft wurden entweder an Land abgesetzt oder auf andere gekaperte Schiffe verfrachtet.

einen Angriff auf diesen wehrhaften Platz, sondern zog zielstrebig weiter, Richtung *Neufundland*;

„*und hier*", so Philip Ashton, „*gerieten sie in solch ein Abenteuer, dass es beinahe fatal für sie ausgegangen wäre. Sie kamen an der Einmündung in den Hafen St. John's* (an der Nordostküste Neufundlands) *in einen Nebel... Als dieser sich ein wenig lichtete, erspähten sie ein großes Schiff vor Anker im Hafen, konnten aber nicht erkennen, was für eins es war, eben wegen der schlechten Lichtverhältnisse. Sie kamen zu dem Schluss, es könnte ein Fischhändler sein.*"

Das weckte prompt Beutelust, und da schon der Coup von *Port Roseway* so splendide verlaufen war, schickte sich Low nun zu einem weiteren eleganten Handstreich an – zumal er auf ein zweites Schiff aus war, um den Aufbau einer Miniflotte nach Lowthers Modell zu starten. Dies da hinten machte einen überaus passenden Eindruck.

Lassen wir Ashton weitererzählen:

„*Demgemäß fassten sie den Entschluss, einzudringen und das Schiff zu kapern; und da sie sich vorstellten, es am besten mit einer Strategie durchzuführen, beschlossen sie, sämtliche Mann, mit Ausnahme von sechs oder sieben, im Schiffsbauch zu verbergen und den Anschein zu erwecken, als wären sie ein Fischerboot, um auf diese Weise neben dem Schiff anzulegen, es zu überraschen und zu kapern.*"

Da kam aus dem Hafen heraus ein kleines Fischerboot, grüßte sie und fragte, woher sie kämen. Sie antworteten, von Barbados, und dass sie mit Rum und Zucker beladen wären. Dann fragten sie ihrerseits die Fischer, was das für ein großes Schiff da im Hafen wäre. Man antwortete: Ein Kriegsschiff."

Welch böse Überraschung! Da hielt man natürlich Abstand von dem raffiniert geschmiedeten Plan. In den Hafen von *St. John's* und damit in die Höhle des Löwen fuhr man nun erst

56

gar nicht hinein; stattdessen drehte man schleunigst ab, um den kleinen Hafen *Carbonear* anzusteuern. *„Da gingen sie,"* so Ashton, *„an Land, nahmen den Platz ein und zerstörten die Häuser, verletzten aber keinen der Einwohner."*

Low war, wie man auch hier sieht, ein kaltblütiger Stratege: Der Begegnung mit einem Kriegsschiff knapp entronnen, hielt er sich umgehend sozusagen „in der Nachbarschaft" schadlos. Der „Besuch" in *Carbonear* war dabei sicher kein Akt bloßer Zerstörungslust; die Piraten mussten sich nämlich für ihren bevorstehenden Sprung von *Neufundland* zu den *Azoren* mit Vorräten sowie Trinkwasser ordentlich eindecken! Da ihnen das „englische Einkaufen" in *St. John's* verwehrt geblieben war, holte man das eben in der nächsten Bucht nach, um dann rasch, bevor das nicht lange arglos gebliebene Kriegsschiff um die Ecke bog, Kurs auf den offenen Ozean zu nehmen...

Nahe den *Azoren* kam Ned, nach einigen erfolgreichen Kaperungen, zu seinem zweiten Schiff – und das war wirklich ein stolzer Fang: Ein portugiesisches Handelsschiff, eine Pinke[13]. Ein absolut kühner Coup, zumal den nur vier Piratenkanonen 14 portugiesische Geschütze gegenüberstanden! Selbst *Ashton* wundert sich, warum die Beute keinen Widerstand versucht hatte. Offensichtlich hatten die Piraten ihre Kunst psychologischer Einschüchterung, die vor allem aus wildem Kampfgebrüll bestand, voll ausgespielt. Der Presse gegenüber sollte der Kapitän der Pinke, die Peinlichkeit vertuschend, später angeben, vor 12 Piratenkanonen kapituliert zu haben!

Die gekaperte Mannschaft quartierte Low kurzerhand auf eines seiner unlängst erbeuteten Schiffe um und ließ sie von dannen ziehen. Die Pinke richtete er sich als künftiges Flaggschiff ein. Ihren Namen „Rose Pink" behielt er bei, da

---

[13]Fregattentypus

dieser ihm offenbar gefiel. Jedenfalls ein erstaunlich unmartialischer Name für ein Piraten-Flaggschiff!

Philip Ashton, dessen zuverlässiger Chronologie wir seit *Port Roseway* gefolgt sind, schildert die Kaperung der Pinke nüchtern und undramatisch. Das steht in erheblichem Kontrast zu *Captain Johnsons* Version dieses Ereignisses – hierin taucht nämlich die erste jener Low zugeschriebenen massenhaften Barbareien auf:

„*... die ganze Crew (der Pinke) entließ man, mit Ausnahme des Kochs, von dem sie sagten, er wäre ein schmieriger Typ und würde gut im Feuer brutzeln. So wurde der arme Mann an den Hauptmast gebunden und mitsamt dem Schiff verbrannt, zur nicht geringen Erbauung von Low und seinen Spießgesellen.*"

Zur Erklärung: Verbrannt wurde ein anderes, von Low unlängst gekapertes und nunmehr, da er die Pinke besaß, nicht mehr benötigtes Zweit-Schiff, auf dem sich natürlich keiner mehr befand. Laut *Johnson* wurde auf dieses Schiff der zur Pinke gehörige Koch verfrachtet, um ihn mitzuverbrennen! *Ashton*, Augenzeuge jener Vorgänge, erwähnt kein Wort von einem solchen barbarischen Akt; selbst wenn er da gerade unter Deck gewesen sein sollte, so hätte er sicher durch andere davon erfahren! Da er Lows Piraten keineswegs liebte, hätte er derlei kaum verschwiegen!

Weil *Captain Johnsons* Chronologie dieser Ereignisse, im Vergleich mit *Ashtons* Bericht, hier ohnehin ziemlich durcheinandergeraten ist, scheint dieses Detail sehr fragwürdig.

Kurz zuvor hatte *Captain Johnson* folgende Begebenheit erzählt:

„*Da die Piraten Wasser und frische Vorräte benötigten, ersuchte Low den Gouverneur von St. Michael's* (Azoren) *um Unterstützung und versprach, unter dieser Bedingung die von ihm gekaperten Schiffe freizulassen, andernfalls sie sämtlich zu verbrennen; diese Forderung abzulehnen hielt der Gouverneur nicht für klug. Vielmehr schickte er die von Low angeforderten Vorräte, woraufhin dieser sechs der Schiffe ziehen ließ, nach freilich gründlicher Plünderung...*"

Dieser von *Ashton* nicht erwähnte freche Coup wird in anderen Quellen bestätigt: „*Zwei Bootsladungen frisches Fleisch, Gemüse, Wein, Geflügel usw.*" hatte der „Catering-Service" des Azoren-Gouverneurs für die Piraten eilends zusammengestellt, da jene „*drohten, die Insel zu verheeren, durch Brandschatzung einiger kleiner Dörfer.*"[14] Die *Azoren* hatten die Jahrhunderte hindurch genug leidvolle Erfahrungen mit Piratenattacken gemacht...

Und weil das so gut gelaufen war, erkühnte sich Low laut *Captain Johnson* ein weiteres Mal, mit Hilfe von Geiseln einen lokalen Gouverneur nach seiner Pfeife tanzen zu lassen:

„*Sie nahmen Kurs auf die Insel Madeira, wo sie in Ermangelung sonstiger Beute ein Fischerboot aufgriffen, mit zwei alten Männern und einem Jungen darin; einen behielten sie an Bord, die anderen sendeten sie an Land mit einer Parlamentärsflagge, wobei sie vom Gouverneur ein Boot voll Trinkwasser verlangten, mit der Drohung, ihre Geisel* (einen der alten Männer) *umzubringen... im Falle einer Ablehnung. Nach Erfüllung der Bedingung wurde er... entlassen und alle drei Gefangenen viel ansehnlicher eingekleidet, als sie vorher ausgesehen hatten.*"

Die Pinke mit Low als Commodore und der Schoner aus *Port Roseway* unter dem Kommando eines seiner Quartiermeister nahmen Kurs auf die *Kanaren*, deren Zeit als Ferienparadies noch nicht angebrochen war.

---

[14]„*Captain Roberts'* Erlebnisbericht"

An *Teneriffas* Küste ließen sie sich von einem Fischerboot in einen kleinen Hafen geleiten, wo man offenbar unangefochten Frischwasser aufnahm. Ihre Stippvisite dort wird in dem Bericht eines von Low nachmals gefangen gesetzten Kapitäns[15] ein wenig ausgeführt. Und zwar schilderten Neds Leute bei einem Umtrunk ihren ziemlich enttäuschenden „Besuch":

„Man hatte sich ein wenig Beute erhofft, bei einem Raubzug an Land, war aber von der alarmierten Bevölkerung verjagt worden; dabei kam es zu einem Scharmützel, das auf Lows Seite ein Opfer forderte, unter den Spaniern einige mehr. Und man wäre gewiss verloren gewesen, wenn man nur eine Viertelstunde länger in dem Haus herumgetrödelt hätte, wo man sich betrank und die Beute zu kriegen erhoffte, auf deren Suche sie sich an Land begeben hatten - gemäß der Informationen, die ihnen von einem Inselbewohner gegeben worden war. Den hatten sie in einem Fischerboot geschnappt. Er sagte ihnen, dass ein gewisser Herr eine unglaubliche Menge an Geld ebenso wie Geschirr in seinem Haus aufbewahrte. Und bei dieser Gelegenheit drohten sie dem armen Fischer, wie hart sie ihn bestrafen würden, sollte er ihnen falsche Informationen liefern..."

Offensichtlich waren die Piraten beim Einbruch in das Anwesen dieses wohlhabenden Herrn von alarmierten Inselbewohnern überrascht worden, so dass sie sich schleunigst „vom Acker machen" mussten, zurück auf ihre Schiffe. Beute hatten sie keine eingeheimst, dafür aber sich am (wohl phantastischen) Wein des Besitzers gütlich getan, mit beinahe fatalen Folgen!

Dieses missglückte Abenteuer war es wert, von den Piraten in fröhlicher Runde, in Anwesenheit eines Gefangenen, zum

---

[15] siehe folgendes Kapitel „*Captain Roberts*' Erlebnisbericht"

Besten gegeben zu werden. Fast klingt das ein wenig nach Seeräuberromantik. Man erkennt hier, wie sich die Piraten als verschworene Gemeinschaft ansahen, die auch Misserfolge und Pleiten gemeinsam durchstanden, von knapp entronnenen Gefahren und ihrem „Nervenkitzel" erst recht zusammengeschweißt.

Nun wurde Kurs auf die *Kapverden* genommen. In einem kleinen Hafen auf der Insel *Boa Vista* stand wieder einmal Schiffeschrubben an. Die Piraten zeigten sich von ihrer großzügigen Seite, indem sie den auf der Pinke als Ballast mitgeschleppten Weizen, den man nicht mehr benötigte, an die dort ansässigen Portugiesen gaben, wahrscheinlich im Tausch gegen andere Güter.

Von *Boa Vista* aus gelangen einige Kaperungen. Durch Prozessdokumente weiß man, dass Low einem seiner Opfer den Schiffsarzt *John Kencate* abspenstig machte. Von ihm wird nochmals die Rede sein.

Zum Abschluss dieser Episode soll *Nicholas Merritt* zu Wort kommen, ein dazumal zusammen mit *Philip Ashton* gefangener Fischer. Merritt befand sich, anders als Ashton, zum damaligen Zeitpunkt an Bord des Schoners „Fancy". Dort

„ ... war ich außerordentlich misshandelt worden von einem alten Piraten, den sie Jacob nannten... Ich äußerte den Wunsch, dass einige, die bei Gelegenheit zu Low an Bord (der „Rose") gingen, ihn davon in Kenntnis setzten, wie sehr ich vom alten Jacob geschlagen und misshandelt wurde. Sie taten es, und Low ordnete an, mich an Bord der Schaluppe zu bringen. "

Eine kurze, jedoch sehr aufschlussreiche Notiz, die wieder mal nicht zu dem omnipräsenten Bild des „Monsters Low" passt! Er war auf die Beschwerde eines zwangsrekrutierten Matrosen ohne Umschweife eingegangen. Bei dem „alten

Jacob" könnte es sich um Quartiermeister Russel handeln, von dem im folgenden Kapitel die Rede sein wird – er wurde offenbar nämlich auch „Jack" gerufen. Als Quartiermeister war er befugt, Crewmitglieder zu züchtigen, aber auch das nicht grundlos...

Jene Schaluppe, auf die Merritt umquartiert worden war, verstärkte seit kurzem als drittes Schiff Lows kleine Flotte. Zehn Mann befanden sich darauf, die kurz darauf alle mitsamt Schaluppe von den Piraten desertieren konnten. *Nicholas Merritt* hat einen kurzen Bericht verfasst über die Odyssee der kleinen Crew, die von den *Kapverden* erstmal die *Azoren* ansteuerten, dort aber eine böse Überraschung erlebten, da die (von Lows jüngsten Raubzügen noch in Anspannung versetzten) Portugiesen die kleine Crew der Piraterie verdächtigt umgehend auf *St. Michael's* einkerkerten und monatelang festhielten![16]

---

[16]Der Bericht ist in *Dow/Edmonds* (siehe Literaturverzeichnis) abgedruckt

Captain Roberts' Erlebnisbericht

1726 brachte in London ein gewisser Captain *George Roberts* seine Erlebnisse während einer zehntägigen Gefangenschaft unter Ned Lows Piraten und seiner Weiterreise heraus. Wir werden uns diesem Bericht etwas ausführlicher zuwenden, da er einerseits aufschlussreiche Details zu Lows Charakter und „Amtsführung" enthält, andererseits das soziale Miteinander einer Piratencrew recht anschaulich illustriert.

Gemäß *Roberts'* Angaben wurde seine Schaluppe „Margaret", von Barbados kommend, Ende Oktober 1722 nahe den *Kapverden* von dem Schoner „Fancy" aufgegriffen. Er selbst wurde aufs Flaggschiff, die „Rose", verbracht, wo er dem Commodore seine Aufwartung zu machen hatte. Bei diesem Anlass staunte Roberts, was für einen „großen Bahnhof" man machte:

„Ich wurde in die Kabine geleitet von einem Offizier, der, wie ich denke, ihr Kanonier war, und der mit seinem Verhalten den Eindruck erweckte, als wäre er Zeremonienmeister, obwohl ich mich nicht erinnern kann, davon gehört zu haben, dass es solch einen Offizier unter ihnen gibt; auch weiß ich nicht, ob sie immer so formell sind an Bord ihres Commodore..."

Vor jenem stand er nun in dessen Kabine. Low empfing ihn höflich,

*„brachte sein Bedauern über meinen Verlust zum Ausdruck, und dass es nicht sein Wunsch wäre, mit irgendwelchen seiner Landsleute zusammenzustoßen, sondern eher mit Ausländern – ausgenommen einige wenige, die er **für ihre Schurkenhaftigkeit** (wie er es nannte) **züchtigen** wollte. Aber wie auch immer... da ja **das Schicksal** es so angeordnet hat,*

dass Sie in unsere Hände gefallen sind, rate ich Ihnen,
wohlgemut zu sein und nicht niedergeschlagen."

Captain Roberts appellierte nun seinerseits an Lows
Ehrenhaftigkeit und Großmut, ihn gehen zu lassen. Low
antwortet:

"es läge nicht in seiner eigenen Macht, da er nur ein Mann
wäre; die ganze Angelegenheit müsse öffentlich und durch eine
Stimmenmehrheit geregelt werden..."

wobei Low nochmals betont, es wäre normalerweise weder
ihm noch seinen Leuten daran gelegen, Landsleute zu kapern,

"mit Ausnahme einiger weniger Personen, aus den vorher
erwähnten Gründen... Nun müssten sie (die Piraten*) erstmal*
das annehmen, was die Vorsehung ihnen beschert hätte. Und
da sie Gentlemen wären, die vollkommen vom Schicksal
abhingen, dürften sie dem Schicksal nicht undankbar sein,
indem sie irgendetwas ablehnen, was sie in ihre Lage gebracht
hat. Denn falls sie etwas von des Schicksals Gunst verachten
sollten... könnten sie es herausfordern und es dadurch
veranlassen, seine wohltätige Hand zurückzuziehen."

Zunächst einmal zu Lows Aussage, er möchte keine
Landsleute (also Engländer) kapern: In seiner Satzung (die im
folgenden Kapitel besprochen wird) ist solches zwar nicht als
Paragraph aufgenommen, doch wurden gekaperte englische
Schiffe von Low bekanntermaßen oft bevorzugt behandelt.

Kurz vor der Kaperung von Captain Roberts' Schaluppe
hatte Low noch mindestens ein englisches Schiff gekapert –
nämlich die „Thomas and James" aus Bristol sowie den
„Liverpool Merchant" (Letzteres ein Sklavenschiff).
Angesichts der anstehenden Atlantiküberquerung mussten sich
die Piraten mit genügend Vorräten sowie Schiffsequipment
versorgen, so dass man in dieser Lage keine Ausnahmen
machen konnte.

Wie Low seinem Gefangenen erläutert, hatten seine Piraten jenen unlängst gekaperten englischen Crews reichlich Kompensationen (aus dem Überschuss anderer Prisen) angeboten, so dass man momentan nichts mehr übrig hatte, was man Roberts als Ausgleich mitgeben konnte. Vom Kapitän der „Thomas and James" weiß man aus anderen Quellen, dass er von Low einige auf den *Kapverden* eingefangene Mulatten erhielt, die er dann prompt in der Karibik verkaufte! Also scheuten sich Piraten nicht, ein wenig beim Sklavenhandel mitzumischen. Besagte Mulatten konnten später ihre Freilassung erwirken.

Beute, die Überschuss darstellte oder für die die Piraten einfach keine Verwendung hatten, wurde, wie *Captain Roberts* erwähnt, bei Low in einem sog. „public store" gesammelt, um sie dann gewissen Gekaperten (denen man sich besonders zuvorkommend zeigen wollte) als Kompensation anzudrehen. Nur war zu *Captain Roberts'* Pech dieses Depot, wie Low bedauerte, gerade ausgeräumt...

Interessant ferner Lows zweifacher Hinweis auf „*einige wenige Landsleute*", die „*wegen ihrer Schurkenhaftigkeit*" keine Schonung verdienten. Wen er hier wohl meinte...

Er schien gewisse Gefangene in der Tat ungnädiger zu behandeln als andere: So passierte es dem Kapitän eines kurz vor *Roberts* gekaperten englischen Schiffes, einem gewissen Scot (mit dem *Roberts* übrigens den ersten Teil seiner Reise bis *Barbados* gemeinsam unternommen hatte), dass er splitternackt auf *Boa Vista* abgesetzt wurde! Auf ihn war auch *Roberts* nicht gut zu sprechen, da Scot sich ihm gegenüber nicht als integrer Geschäftspartner verhalten hatte!

Welche Gründe Piraten hatten, manche Kapitäne durch ihre „Qualitätskontrolle" fallen zu lassen, dazu mehr an späterer Stelle.[17]

Auffällig ist ferner die Betonung des Schicksals, dessen Fügungen man nicht abweisen dürfe. Low, der ja in seinem eigenen Leben die Unberechenbarkeit des Schicksals zur Genüge erfahren hatte, zeigt vor demselben großen Respekt und warnt davor, es unnötig herauszufordern. Nicht umsonst pflegten sich Piraten als „Gentlemen des Schicksals" zu titulieren...

Captain Roberts erzählt weiter:

„Er hieß mich dann, in sehr verbindlichem Ton, Platz nehmen, während er selbst sich die ganze Zeit nicht ein einziges Mal rührte von seinem Platz, auf einer der großen Kanonen, obwohl es da genug Stühle gab in der Kabine; ich vermute aber, er dachte, er könnte, wenn er auf einem Stuhl saß, nicht so martialisch oder heroisch wirken, wie er es auf einer großen Kanone tat."

Ein recht bemerkenswerter Hinweis, der sicher bezeichnend ist für Lows Geltungsbedürfnis. Er soll ja ein Mann von kleiner Statur gewesen sein und musste sich darum in Positur bringen, um den respekteinflößenden Kommandeur herauszukehren und ja nicht den Eindruck eines hergelaufenen Räuberhauptmanns zu erwecken.

Nun folgte ein wenig Höflichkeitsgeplänkel, bei dem Low seinem Gast Getränke anbot. Da er wohl Roberts innere Anspannung merkte, fuhr er fort, ihn aufzumuntern:

*„Es wäre Kriegs***schicksal***; sich grämen und selbst quälen hätte keine guten Folgen hinsichtlich meiner Gesundheit; außerdem würde es bei der Crew besser ankommen, heiter, lebhaft und wenig bekümmert zu erscheinen. Und kommen Sie*

---

[17]Kapitel „Das Blutbad"

*schon... Sie können, und ich hoffe, Sie werden hiernach ein günstigeres **Schicksal** haben. "*

Low ließ nun, um seinen Gast in lockere Stimmung zu bringen, die Getränke auftragen: Eine Punschbowle, das Nationalgetränk der Piraten, sowie einige Flaschen Rotwein (die man vorher aus einer Schiffsladung erbeutet hatte). Käpt'n Roberts durfte unter den Getränken wählen, während ihm Low weiterhin gut zuredete:

*„... wo er könnte, würde er mir gefällig sein, und er wünschte, es wäre mein **Schicksal** gewesen, zehn oder vierzehn Tage früher von ihnen gekapert worden zu sein – damals hatten sie nämlich* (durch gerade gemachte Beute*) Überfluss an Annehmlichkeiten, "* und Low hätte seine Mannschaft dazu gekriegt, Roberts eine Entschädigung für die jetzigen Umstände anzubieten. *„Es könnte, fuhr Low fort, sein **Schicksal** sein, mich vielleicht einmal wiederzutreffen"* (um ihm dann eine großzügige Kompensation für die jetzigen Umstände zukommen zu lassen).

Und nun wurde Roberts befohlen,

„an Bord des Commodore zu bleiben, bis durch eine allgemeine Abstimmung der Mannschaft beschlossen war, wie man mit mir und der Schaluppe verfahren sollte, und Captain Low ordnete an, eine Hängematte und Bettstatt für mich herzurichten. "

Weiterhin zeigt Low seinem Gefangenen gegenüber ausgesuchte Höflichkeit, indem er ihm freistellt, weiterhin mit ihm beisammenzusitzen und zu trinken oder sich zur Ruhe zu begeben. Das tut Roberts gegen acht Uhr abends. Die ganze Nacht plagen ihn Sorgen wegen seines künftigen Schicksals. Der Stand der Dinge ist: Seine eigene kleine Crew wurde vom Schiff geholt und (offensichtlich gepresst) bei den Piraten eingeschrieben; auch seine komplette Ladung wurde requiriert, da Lows Flotte, wie er ja zuvor verdeutlicht hatte, dringenden Bedarf hat.

Als er sich am nächsten Morgen an Deck begibt, erlebt er eine Überraschung: Drei Leute aus Lows Crew kommen auf ihn zu, um sich als welche vorzustellen, die mal Jahre zuvor unter seinem Kommando gesegelt waren. Sie sichern ihm ihre volle Gunst zu und vertrauen ihm bei dieser Gelegenheit an, dass davon die Rede ist, ihn in Dienst zu pressen, da man gehört hatte,

„dass ich sehr gut vertraut war mit der Küste von Brasilien - denn sie wollten entlang der Küste von Guinea segeln und danach über den Ozean zur brasilianischen Küste. Es gäbe nicht einen in der Mannschaft, der jemals an irgendeinem Teil jener Küste gewesen wäre."

Das waren natürlich heikle Aussichten für Captain Roberts! Gleichzeitig aber war es auch ein tröstliches Gefühl, so unverhofft einige Fürsprecher gefunden zu haben.

Ferner erklärten die Drei ihm:

„Sie müssen wissen, dass wir einen Paragraphen haben, auf den wir geschworen haben; dieser lautet: keinen verheirateten Mann gegen seinen Willen zu zwingen, uns beizutreten..."

Da man nun aber in einer Notlage wäre, gäbe es gewisse Inklinationen in der Crew, diesen Paragraphen zu brechen, was allerdings nicht in Ned Lows Sinne wäre; er hätte sie gemahnt:

„Das wäre ein übler Präzedenzfall... denn wenn wir uns einmal die Freiheit nehmen, Satzung und Eid zu brechen, dann kann niemand von uns sicher sein vor irgendetwas... Lasst uns nicht die Gesetze brechen, die wir für uns selbst gemacht haben!"

Der Käpt'n hatte allerdings einen gewichtigen Gegenspieler: *Jack (John) Russel*, seit nahezu der „ersten Stunde" in Lows

Gefolge und Quartiermeister der Flotte. Er war es, der dazumal *Ashtons* Fluchtversuch „versalzen" hatte.

In der Tat war es so selten nicht, dass Quartiermeister in ihrer Einflussnahme zum Käpt'n in Konkurrenz traten. Das Amt des Quartiermeisters in einer Piratencrew war bedeutsam: Wie schon der Name besagt, hatte er innerhalb der Mannschaft für Ordnung zu sorgen – also etwa Unstimmigkeiten zu beseitigen oder Streitigkeiten zu schlichten. Dabei konnte er auch Strafen verhängen. Außerdem wurde die Beuteverteilung unter seiner Aufsicht durchgeführt, und er musste sich um die Logistik kümmern – darum, dass die Mannschaft stets genügend versorgt war. Er befand sich also stets in enger Tuchfühlung zur Crew. Dies konnte dazu führen, dass er sich zu einer Art mächtigem Wortführer oder Sprecher, auch gegen den Kapitän, aufschwingen konnte.

Russel war offenbar ein solch dominanter Quartiermeister. *Captain Roberts* bekam von seinen drei ehemaligen Untergebenen gesteckt, dass Russel angeblich doppelt so viel Einfluss auf die Mannschaft hatte wie Low! Keine gute Großwetterlage für den Gefangenen – denn der Schoner „Fancy", des Quartiermeisters Revier, hatte Roberts' Schaluppe aufgebracht und Russel deshalb in dieser Angelegenheit ein gewichtiges Wörtchen mitzureden!

Solche Interna einem Gefangenen auszuplaudern bedeutete übrigens für die drei Ex-Matrosen von *Captain Roberts* ein erhebliches Risiko. Eine Bestimmung an Bord verbot nämlich heimliche Zusammenkünfte mit Gefangenen. Nun, ganz heimlich war es nicht – man stand ja an Deck beisammen.

Wenig später erschien auch Captain Low an Deck, begrüßte seinen „Gast"; man wechselte höfliche Worte, und dann

„ordnete er das Signal für eine Zusammenkunft an, d.h. ihr Grüner Trompeter wurde am Mittelmast gehisst: Es war eine

grüne Seidenflagge, mit der gelben Figur eines Trompete blasenden Mannes darauf."

Ein interessantes Detail! Low disponierte zu jener Zeit ja über eine Mini-Flotte (aus derzeit drei Schiffen). Wurde der „Grüne Trompeter" gehisst, hieß das also für alle „Offiziere" der anderen Schiffe: An Bord des Flaggschiffs zu kommen.

Nach dem gemeinsamen Frühstück wurde *Captain Roberts* über seinen Familienstand ausgefragt (in weitaus manierlicherer Form, als das *Philip Ashton* über sich hatte ergehen lassen müssen). Dann folgte, in Gegenwart des Gefangenen, eine Debatte zwischen Low und Quartiermeister Russel. Letzterer bestand darauf, Roberts unter allen Umständen an Bord zu behalten, mit dem Argument:

„Selbsterhaltung ist das erste Naturgesetz und Notwendigkeit kennt... kein Gesetz! - Nun ja, sprach Low, es soll niemals mit meiner Zustimmung geschehen!"

Man begab sich nun zu einer Abstimmung an Deck; *Captain Roberts* musste in der Kabine bleiben, um dort das Ergebnis abzuwarten. Natürlich saß er auf heißen Kohlen, aber wenigstens befanden sich auf dem Tisch Tabakspfeifen, Wein und Punsch, die ihm halfen, die Zeit zu verkürzen.

Zwei Stunden musste er sich gedulden. Dann kam Low wieder runter und fragte Roberts:

„Wie hat Ihnen Ihre Gesellschaft gefallen? - Ich dankte ihm und antwortete: ... Was meine Gesellschaft anbetrifft, ich mochte sie sehr gern. Es war ja so eine Gesellschaft, wie sie wenige ablehnen würden. - Wie, entgegnete er, ich dachte, Sie wären alleine, seit wir an Deck gingen. - Ich erwiderte: Wie können Sie denken, Sir, dass ich alleine war, da Sie mir drei solche vergnüglichen Gefährten da gelassen haben, mir Gesellschaft zu leisten?"

Low schien sich ein wenig verschaukelt zu fühlen.

„Ich habe niemanden zurückgelassen... außer dem Schiffsjungen Jack, den ich gebeten habe, vor der Kabinentür zu bleiben... - Aber, sagte ich, Sir, meine drei Gefährten waren keine menschlichen Körper, sondern jene, die Sie auf dem Tisch zurückgelassen hatten, nämlich: eine Tabakspfeife, eine Flasche französischer Rotwein und eine Punschbowle. - Daraufhin lachten sie alle, und Low entgegnete, ich hätte recht."

Diese Episode veranschaulicht, welche Bedeutung Humor bei Piraten hatte. Geschickt hatte *Captain Roberts* den Ball, den ihm Low mit seiner Fangfrage zugespielt hatte, zurückgespielt und Schlagfertigkeit bewiesen, was nicht nur Low selbst, sondern der Crew imponierte. Damit hatte er gewisse Sympathiepunkte unter den rauen Gesellen gesammelt und sich dessen besonnen, was Low ihm eingangs geraten hatte: Unverkrampft und guten Mutes zu sein.

Leider blieb die Stimmung nicht so heiter. Quartiermeister Russel verlegte sich nun auf die Taktik, Roberts weiszumachen, seine Schaluppe würde lecken, und er wäre somit eh nicht in der Lage, seine Reise fortzusetzen. Alles Mögliche tischte er auf, um den Gefangenen weichzukochen, sich ihnen freiwillig anzuschließen, bis Low, um dem ein Ende zu machen, zum Dinner rief.

Bei der Mahlzeit prahlten die Piraten mit ihren bisherigen Erfolgen, während Roberts geduldiger Zeuge ihrer äußerst gewöhnungsbedürftigen Tischmanieren sein musste:

„das Dinner, das sie in einer sehr unmanierlichen Weise zu sich nahmen, mehr wie eine Meute Jagdhunde als Männer, indem sie sich die Lebensmittel wegschnappten und voneinander auffingen; das war zwar für mich eine Zumutung, schien aber eins ihrer Hauptvergnügen zu sein..."

Dieser Tag verging, ohne dass es zu einer abschließenden Entscheidung kam. Roberts saß noch mit Low und wenigen anderen beisammen,

„wo wir Überfluss an Debatten hatten, Kirche, Staat und Handel betreffend."

Es wäre sicher recht aufschlussreich gewesen, wenn Roberts diese Gespräche näher erläutert hätte; womöglich wären die Inhalte jedoch zu heikel für eine Veröffentlichung gewesen... Immerhin sieht man: Piraten lebten zwar in ihrer gesetzlosen Welt, verfolgten aber durchaus das politische Weltgeschehen mit (etwa durch den Austausch mit Gefangenen), zu dem sie dann „ihren Senf abgaben" – in der Art von Stammtischrunden!

Am nächsten Morgen wurde *Captain Roberts* abermals aufgemuntert von seinen drei Ex-Matrosen. Er schwebte weiterhin in unsicherer Lage, hütete sich aber, es sich anmerken zu lassen. Quartiermeister Russel fuhr fort, ihn mit allerlei Verlockungen und Argumenten zu traktieren, um endlich ein Ja zu bekommen und Roberts als Navigator für die Atlantikquerung zu sichern. Es kostete Roberts Kraft, sich dagegen ruhig und höflich zu verwahren.

„Einige der Piraten meinten, ich würde... einen guten Kaplan bei ihnen abgeben. Andere hingegen: Dass Piraten keinen Gott hätten außer ihrem Geld, keinen Erlöser außer ihren Waffen. Wieder andere wünschten, dass... zumindest ein wenig Menschlichkeit unter ihnen praktiziert würde; dies wäre, so glaubten sie, besser für ihren Ruf und brächte ihnen mehr Wertschätzung ein, sowohl vonseiten Gottes als auch der Menschheit."

Piraten waren für ihren Atheismus bekannt; aber eine solche Crew war nie aus einem Guss. Da gab es nicht nur die abgebrühten „Hardliner", sondern auch solche, die mal die

Nähe eines Priesters wünschten oder eine Bibel (bei Anwandlungen von Gewissensbissen).

Der hartnäckige Russel gab sich, trotz Lows Interventionen zugunsten Roberts, nicht geschlagen. Unter dem Vorwand, sich jenem gegenüber versöhnlich zu zeigen, bat er Low, Roberts bei sich auf dem Schoner „Fancy" (für die Nacht) bewirten zu können. Low war so diplomatisch, diese Bitte zu gewähren, um Russel nicht noch mehr aufzubringen.

Beim obligatorischen Umtrunk unter Deck kam es zu einem für Roberts äußerst prekären Zwischenfall. Zunächst einmal setzte Russel, zu Roberts Unmut, ganz unprofessionell eine Bowle aus Rotwein an (statt aus Rum); als Roberts stattdessen ein Glas (unerhitzten) Rotwein erbat, fühlte sich Russel „auf den Schlips getreten". Er schnauzte den Gast an, diese Bowle gefälligst wie jedermann bei Tisch zu trinken. Obwohl sich Roberts damit entschuldigte, dass ihm davon schlecht würde, verlangte Russel gnadenlos:

„Du sollst so viel trinken und so oft, ... bis du tot umfällst, tot!"

Als Roberts, derart genötigt, einen Becher füllt, holt Russel zur nächsten Gemeinheit aus. Roberts trinkt, wie zuvor alle anderen Anwesenden,

„auf das Wohl des Königs von England. - Und wer ist König von England? (lautet Russels arglistige Frage) - Meiner Meinung nach derjenige, der die Krone trägt... - Na, (drängt Russel) und wer ist das? -Nun ja, König Georg trägt sie derzeit."

Für Russel die falsche Antwort! Roberts mit Flüchen überschüttend schreit er

„wir hätten keinen König!"

Damit zückt Russel eine Pistole, die ihm glücklicherweise von den besonneneren Anwesenden entrissen wird. Russel lässt nun die Katze aus dem Sack:

„Der Prätendent wäre der rechtmäßige König von England!"

Der Prätendent – das war *James Stuart*. Erfolglos hatte der Nachkomme Mary Stuarts von Schottland den englischen Thron für sich beansprucht. Erst wenige Jahre zuvor war ein Aufstand seiner Anhänger, der *Jakobiten*, niedergeschlagen worden. Mit *Georg I* saß seit 1714 ein protestantischer Monarch auf dem englischen Thron, während die Stuarts der katholischen Liga angehörten. Jener Konflikt sollte noch Jahrzehnte dauern.

Russel outete sich hiermit als Katholik. *George Roberts* gibt an, sein eigentlicher Name sei John Lopez und er portugiesischer Abstammung gewesen, was dazu passen würde.

Das Ganze löst in der Tischgesellschaft eine erregte politische Debatte aus. Die Mehrheit steht an Roberts' Seite, indem sie (den Hannoveraner) König *Georg I*, immerhin *„eingesetzt von der Autorität des Parlaments"*, akzeptiert. Der Kanonier erklärt:

„Unser Anliegen hier ist es, einen König für unser eigenes Commonwealth (!) zu wählen; solche Gesetze zu machen, wie wir sie am dienlichsten halten für die Ziele, die wir anstreben, und dafür zu sorgen, dass wir nicht überwältigt und den Strafen jener Gesetze unterworfen werden, die gegen uns gemacht werden!"

Dass Piraten ihre Gemeinschaft hochtrabend als „Commonwealth" deklamierten, war nicht selten und durchaus als Verspottung des etablierten Commonwealth zu verstehen, als eine Art stolze Konkurrenz. Und hört, man spricht von der

Wahl eines eigenen Königs! Ganz schön blasphemisch muss das in den Ohren so manch konservativen Lesers geklungen haben!

Nachdem nun die Politik „auf Eis gelegt ist", mahnen die übrigen,

„dass sie sich immer dieser einen Sache gerühmt haben: Ihre Gefangenen anständig zu behandeln und nicht zu misshandeln!"

Da es wohl festgelegt war, dass zwischen den Schiffen der Flotte zwischen acht Uhr abends und Tagesanbruch keine Boote mehr verkehren durften, musste *Captain Roberts* in den sauren Apfel beißen und die Nacht auf der „Fancy" und mit dem unberechenbaren Russel unter einem Dach verbringen. Damit es zu keinen weiteren Eskalationen kam, bewachten ihn Kanonier, Bootsmann und Steuermann rund um die Uhr!

Anderntags wurde Roberts baldmöglich wieder in die Obhut des Commodore verbracht, der über die Vorgänge letzter Nacht informiert wurde, diese tadelte, auf die Bedeutung ihrer Satzung hinwies und betonte:

„Laune und nicht Vernunft wäre die Regel ihres Verhaltens" (wenn die Satzung ignoriert würde!) Aufschlussreich: Vernunft (*reason*) war ein zentraler Begriff der Aufklärung!

„... Er hoffe, die Besatzung würde unverrückbar ihren festgelegten Gesetzen anhaften, welche sehr gut wären; und wären sie es nicht, so sollten sie, da sie ja vom einmütigen Konsens der Mannschaft gebilligt wurden, nicht ohne denselben einmütigen Konsens verändert werden. Abschließend meinte er, für seinen Teil wäre er eher geneigt, aus der Mannschaft auszuscheiden, als bei ihr zu bleiben, sollten sie nicht entschlossen sein, sich an ihre Satzung zu halten (!)"

Eine deutliche Ansage! Und mit seiner Ankündigung, als Kapitän abzutreten, sollte jene Spaltung in der Mannschaft nicht beigelegt werden, veranschaulicht er den Ernst der Lage. In der Tat schien es, wie Roberts' Bericht andeutet, mittlerweile so weit gekommen zu sein, dass sich zwei Lager gebildet hatten: Auf der einen Seite der (jakobitische) „Clan" um Russel – auf der anderen Seite die Fraktion um Low. Eine für jede Piratencrew äußerst gefährliche Entwicklung! Selbst für den befehlsgewohnten Low eine heikle Lage, wie sein vorsichtiges Taktieren zeigt.

Captain Roberts war vorerst in Sicherheit. Natürlich gab sich Russel nicht geschlagen. Als er später auf das Flaggschiff kam, verkündete er, wo ja nun Roberts nicht mitsegeln würde, hätte sich dessen Maat dazu bereit erklärt (welcher angeblich längst erpicht war, in die Piraterie einzusteigen).

Das Problem war nun: Da Roberts Besatzung komplett zwangsrekrutiert war – für die Piraten offenbar eine Notwendigkeit, weil sie in den letzten Wochen rund zwanzig Mann durch Desertion verloren hatten – befanden sich außer dem Maat nur noch zwei Schiffsjungen an Bord der Schaluppe, also zu wenig Bemannung. Das machte Low Russel umgehend klar.

„*...Dem Mann seine Schaluppe zu geben, ohne irgendwelche helfenden Hände, das bedeutete nichts anderes, als ihn einem langsamen Tod auszuliefern; da hätten sie ihm genauso gut den Schädel einschlagen können!*" Er schlug vor, wenn sie schon den Maat nehmen müssten, „*dann könnten sie Roberts wenigstens einen anderen seiner Leute dafür zurückgeben.*"

Russel ging auf nichts von alldem ein und drohte, gewaltsam durchzusetzen, was er als gut für das Wohl der eigenen Crew ansah. Zweifellos wusste er eine stattliche

Gefolgschaft hinter sich. Die Situation stand kurz vor der Eskalation. Fünf vor Zwölf.

Was tat nun Low? Er gab *Captain Roberts*, der sich mit Russel in eine Debatte verzahnt hatte, ein diskretes Zeichen, auf die Provokationen nicht länger einzugehen, und lud die erhitzten Gemüter erstmal zu einem Umtrunk ein.

Es war eine außerordentlich moderate und diplomatische Reaktion. Low hatte offensichtlich klar erkannt, dass Russels Fraktion die stärkere war – trotzdem war er entschlossen, für *Captain Roberts* so viel wie möglich herauszuholen.

„Nicht willens, diese Art von Diskurs fortzusetzen, unterbrach Low (die Debatte), indem er ein Lied anstimmte und jedermann zum Mitsingen aufforderte, mit Ausnahme von mir, den er davon freistellte, bis ich mich besser fühlte."

Und schon war es wieder Abend! *Captain Roberts* fand sich einer unbeschreiblichen Nervenprobe ausgesetzt. Einmal mehr versicherte ihn Low seines Schutzes und mahnte ihn, sich künftig mit Russel nicht mehr auf Diskussionen einzulassen, weil

„alles, was Sie zu ihm sagen könnten, er in die falsche Kehle kriegen würde... da er von uns nicht seinen Willen kriegt..." Roberts sei nur ein Vorwand, Russels *„eigene Verstimmung wegen anderer Enttäuschungen zu bemänteln".*

Ein Hinweis darauf, dass Russel offenbar schon früher mit dem Kopf durch die Wand wollte. Er hatte einige Tage zuvor nicht nur die Schaluppe geentert, sondern außerdem von der Kapverdeninsel *St. Nicholas* zwei Gefangene, einen Priester sowie den Sohn des Gouverneurs angeschleppt, woraufhin ihm Low einen kleinen Rüffel erteilt hatte, was er mit den beiden sollte; es käme nur darauf an, Geld zu erbeuten – die Leute könnten an Land bleiben. Auch das mag noch in Russel, der offensichtlich übereifrig war, gebohrt haben.

Roberts seinerseits dankte Low von ganzem Herzen:

„Ich bekannte, ihm mit den festesten Banden von Dankbarkeit verknüpft zu sein, und sollte es jemals in meiner Macht liegen, ihm zu dienen, würde ich mich nicht begnügen mit bloßer Anerkennung seiner Gunst."

Low seinerseits bekannte,

„Sein Wille wäre gegenwärtig größer als seine Macht, aber er hoffe nach wie vor, sich mit Russel zu einigen."

Da alle diplomatischen Bemühungen jedoch stagnierten, die Stimmung in der Crew hingegen immer angespannter wurde, berief Low schließlich zur Vollversammlung, wo er noch einmal eindringlich an alle appellierte:

„... Lasst uns nichts in Leidenschaft tun... Wenn wir auch Piraten sind, so sind wir doch Menschen, und wenn wir auch von einigen Leuten für unredlich gehalten werden, lasst uns nicht gänzlich von Menschlichkeit abweichen und uns selbst nicht grausamer machen als Scheusale..."

Endlich votierte man für Roberts' Freilassung – allerdings ohne ihm seinen Maat oder sonst einen seiner Leute herauszugeben. Taktisch raffiniert tat Russel, als wollte er sich nicht lumpen lassen und versprach, sich persönlich darum zu kümmern, dass Roberts für seine Weiterreise zumindest anständig verproviantiert wurde. Zudem lud er Roberts zu einem abschließenden Versöhnungsdinner ein auf die „Fancy", um ihn von dort gleich auf seine Schaluppe zu befördern. Das war auch sein Job, da die „Fancy" Roberts' Schiff gekapert hatte.

Doch einmal mehr entpuppte er sich als „falscher Fuffziger"! Er gestattete Roberts auf dem Schoner ein reichhaltiges Mahl, ja – das war die „Wegzehrung", die er von Russel erhielt! Nichts sonst sollte er bekommen!

Äußerlich bemüht, dies „sportlich zu nehmen", war Roberts entsetzt über diese Aussichten. Er hatte sein Schiff zurück, aber vollkommen ohne Vorräte und Crew (außer den beiden Schiffsjungs)! Es war nun auch nicht mehr möglich, Captain Low über diese Wendung in Kenntnis zu setzen, da ja in der Nacht keine Boote zwischen den Schiffen verkehren durften. Natürlich hatte Russel dies geschickt eingefädelt, um doch noch seinen Willen zu kriegen.

Er schien also einer der üblen Sorte Pirat zu sein – auch wenn er nur den Kompetenzbereich seines Amtes als Quartiermeister zu vertreten glaubte. Allerdings ist es gut möglich, dass *Captain Roberts* Russel negativ überzeichnet hat, weil jener als Katholik und Jakobit (also Anhänger des jüngst gescheiterten *James Stuart*) in seinen Augen wenig Sympathien genoss.

Der bereits erwähnte Kanonier der „Fancy" machte seinem Quartiermeister unverblümt klar, was er von ihm und seinem Verhalten hielt:

„Ich für meinen Teil sowie, glaube ich, die meisten aus der Mannschaft kamen hierher, um sich Geld zu verschaffen, nicht aber um zu töten, außer im Kampf, und nicht kaltblütig oder aus privater Rache! Und ich sag dir, John Russel, wenn so was wie das hier noch mal vorkommen sollte, dann mache ich Anstalten, diesen Verein so bald als möglich zu verlassen!"

Der Kanonier sprach im Namen der „Piratenehre". Und das veranschaulicht wieder einmal, dass es einen „Ehrenkodex" unter Piraten gab, interne Konflikte diesen jedoch gefährden konnten.

Roberts' Bericht über seinen Aufenthalt bei Low bot viel Aufschlussreiches über dessen eigene Position: Wenn er auch als gewiefter Stratege unangefochtene Autorität genoss – innerhalb der Mannschaft war diese Autorität äußerst begrenzt.

Als ergebnisorientierte Führungskraft, die die „Angelegenheit Roberts" möglichst rasch geregelt haben wollte, wurde Low von der Russel-Fraktion ausgebremst, drängte aber, der endlosen Debatten müde, schließlich unter Aufbietung seiner ganzen Diplomatie zur Entscheidung. Es hatte seine impulsive Natur sicher einiges an Kraft gekostet, doch hatte er damit letztendlich wieder klar gemacht, in wessen Händen die Führung lag.

Doch möchte der Leser sicher wissen, wie es nun weiterging mit *Captain Roberts*, der nahezu ohne Verpflegung und nur mit der Unterstützung der beiden Schiffsjungs einer äußerst unsicheren Zukunft ausgesetzt war!

Roberts fand auf seinem Schiff nur dürftige Reste von Verpflegung sowie Trinkwasser und auch Rum vor. Er versuchte aus der prekären Lage das Beste zu machen und eine der nahen Kapverdeninseln anzusteuern. Nahe der Insel *St. John* erlitt er schließlich nach fast einem Monat Schiffbruch. Zwei Jahre verblieb er dort, unterstützt von der lokalen Bevölkerung. Er versäumt es in seinem Bericht nicht, die Leistung seiner beiden Leidensgefährten, der Schiffsjungen zu betonen, von denen der eine erst acht Jahre gewesen sein soll[18]!

All jene Erlebnisse, von Beginn der Reise bis zu seiner Rückkehr nach England im Sommer 1725, hat Captain *George Roberts* in seinem spannenden Reisebericht „The four years voyages" festgehalten. Der Aufenthalt unter Lows Piraten ist dabei nur eine Episode; den Hauptteil widmet *Roberts* seiner Handelstätigkeit und der Beschreibung von Geografie und Bewohnern der *Kapverden*.

Allerdings: Einige wollen das Ganze als literarische Fiktion entlarvt haben, hinter der man einmal mehr *Daniel Defoe*

---

[18]Es handelte sich um keinen echten Schiffsjungen, sondern den Sohn einer verstorbenen Passagierin, den *Capt. Roberts* aufnahm

vermutet, Autor des „Robinson Crusoe" und weiterer packender Abenteuerromane. Seefahrerabenteuern widmete jener sich in der Tat begeistert. *Daniel Defoe* wird ja auch die „Allgemeine Geschichte der Piraten" gern zugeschrieben.

Für einen fiktiven Bericht würde in der Tat manches sprechen:

Zum einen der angeblich tatsächliche Name von Quartiermeister Russel, der hier als *John Lopez* angegeben ist. Einen Piraten *John Lopez* gab es tatsächlich - nur war dieser Mitglied der Crew von *Major Bonnet* und wurde 1718 verurteilt! Natürlich könnte sich hinter Russel trotzdem ein Portugiese verborgen haben (Piraten legten sich ja gern Decknamen zu)...

Zweitens erinnert die Szene, wo besagter Russel Captain Roberts mit vorgehaltener Pistole nötigt, den Rotweinpunsch zu trinken, verdächtig an eine Episode, die *Captain Johnson* schildert: Dort zwingt nämlich Low einen Kapitän auf ähnlich infame Weise zu einem Umtrunk![19]

Aufklärung in dieser Sache könnte der „Boston News Letter" (vom August 1723) bringen: Dort zählt ein gefangener[20] Unterquartiermeister Lows namens John Walters sämtliche zwischen ca. Juli 1722 und Juni 1723 gekaperte Schiffe auf (45 an der Zahl)!

Und darunter findet sich tatsächlich ein *Captain Roberts* mitsamt einer Schaluppe, die auch von *Barbados* gestartet ist (wie in *Roberts'* Bericht angegeben), und die in Walters' chronologischer Aufzählung unter die Kaperungen an den *Kapverden* fällt!

Fazit: *Captain Roberts* ist eine historische Person! Nun kann es sein, dass der Fall ähnlich liegt wie bei *Philip Ashton*,

---

[19]Zu nämlicher Episode Kapitel „Der Admiral"
[20]Dazu auch Kapitel „Das Seegefecht"

dessen Erlebnisse nachmals von seinem Pastor in Buchform gebracht wurden: Vielleicht hat *Captain Roberts* seine Abenteuer literarisch ein wenig aufbereiten lassen – auch wenn es da heißt: „*written by himself!*"

Hatte sich Roberts Low gegenüber verpflichtet gefühlt, ihm (im Kontrast zur vorherrschenden Meinung) ein gutes Denkmal zu setzen, wie er ja Low gegenüber selbst zum Ausdruck brachte? Er sei ihm „*mit den festesten Banden von Dankbarkeit verknüpft.*"

Also eine Art Gegendarstellung zu *Captain Johnsons* allseits bekannter Low-Vita? Dafür spricht außer der „Rotweinpunsch-Szene" auch folgendes, Low in den Mund gelegtes Statement: „... *sogar das wildeste **Monster** könnte kein Grund dazu veranlassen, solch ein unversöhnlicher Feind* (Roberts gegenüber) *zu sein.*" Als Monster wurde Ned von einem Gouverneur (einer wichtigen Quelle *Capt. Johnsons*) verunglimpft![21]

Oder Lows Mahnung: „*Wenngleich Piraten, sind wir doch Menschen... lasst uns nicht gänzlich von Menschlichkeit abweichen und uns selbst noch grausamer machen...*" Ein weiterer Seitenhieb auf *Captain Johnsons*: „*Von allen Piratencrews... reichte keine hinsichtlich ihrer Barbarei an Lows heran.*"?

Capt. Roberts präsentiert Low als den „edlen Räuber", fast so, wie ihn *Schillers* „Räuber" ein halbes Jahrhundert später vorstellen. Man bedenke: Ein Jahr vor dieser Publikation war immerhin *Philip Ashtons* Bericht erschienen und mittlerweile auch in London bekannt geworden! *George Roberts* konnte sich also bestärkt fühlen, Low als Mann mit Gewissen darzustellen.

---

[21] Kapitel „Piratendämmerung"

Die bemerkenswerten Details über das Alltagsleben in Lows Crew beruhen somit wohl auf tatsächlich Erlebtem: Der Grüne Trompeter[22] etwa – jene originelle Flagge, die zur Konferenz aufs Flaggschiff einlud; oder dass nur Kapitän, Steward, Kanonier und Steuermann (außer dem gefangenen *Roberts* selbst) den „Luxus" einer Hängematte als Schlafplatz genossen...

Sowie das „politische Klima" in Lows Crew: Während sein einflussreicher (portugiesischstämmiger?) Quartiermeister bekennender Jakobit ist, tendieren Lows übrige Führungskräfte locker zum amtierenden *King George I.* Nun bekannten sich viele der „Golden Age"-Piraten nachweislich zur jakobitischen Bewegung – wie z. B. *Captain England, Captain Bellamy, Charles Vane* etc., und wurden dafür auch unnachsichtig verfolgt. *Captain Roberts* hingegen scheint zu unterstreichen, dass mit Ausnahme von Russels Clan die Mehrheit in Lows Team „sauber" war! *„Was haben wir mit Königen oder Prinzen zu schaffen?"*, zitiert er Lows Kanonier - ein klarer Hinweis auf Neutralität, zumindest unter Lows engsten Vertrauten. Low selbst, für politische und gesellschaftliche Debatten sehr aufgeschlossen, vertrat Ansichten, die *Captain Roberts* durchaus genehm waren, wie dieser gesteht:

„Ich musste eine Schönwettermiene aufsetzen in allen möglichen Arten von Diskursen mit den Piraten, obwohl diese Debatten nie so konträr und abweichend von meinen eigenen Einstellungen waren."

Das ist schon ein außerordentlich brisantes Statement, wenn man bedenkt, dass der Report der gebildeten Londoner Society zur Lektüre diente! Ein Individuum, das freimütig bekannte, abendfüllende „Tischgespräche" mit dem „Monster des

---

[22] *Arthur Conan Doyle* übernahm den „Grünen Trompeter" als Versammlungsflagge in einer Piratengeschichte

Atlantik" geführt zu haben, lief Gefahr, sich gesellschaftlich ganz schnell ins Aus zu befördern – zumal Ned Low nach wie vor frei herumlief!

Möglicherweise drehten sich besagte Debatten (*„Kirche, Staat und Handel betreffend"*) auch um die sog. „Südseeblase" - jenen noch gar nicht lange zurückliegenden heftigen Spekulationsskandal (1720), der so manchen (darunter auch Leute von Rang und Namen) an den Rand der Existenznot gedrängt hatte, nachdem man sich durch die Verheißungen der *South Sea Company* getäuscht sah. War man sich in der Beurteilung dieser Angelegenheit einig? Roberts drückt sich diplomatisch aus – aber ein aufmerksamer Leser wusste seine Anspielungen sicher einzuordnen.

Selbst *Captain Johnson* kann sich an einer Stelle seines Piratenwerks einen ätzenden Seitenhieb auf Englands großen Finanzskandal nicht verkneifen:

„... welche Räuberei (die Piraten) auch immer verübten – sie durften sich durchaus sicher sein, dass sie nicht die größten dazumal auf der Erde lebenden Schurken waren." (Life of Capt. England)

Last but not least: Die in Büchern und Filmen populäre mythische Gestalt des *Davy* bzw. *David Jones* wird in *Captain Roberts'* Bericht erstmalig (!) erwähnt – und zwar von Low sowie Quartiermeister Russel: Beide sprechen von *„David/Davy Jones' Schließfach"*, einer Allegorie des Meeresgrundes als Seemannsgrab. Demnach gehörte dieser Ausdruck damals zum Repertoire der Seemannssprache. Ausgeschmückt und als raffgieriges Ungeheuer dargestellt wurde *Davy Jones* erst in späteren Geschichten! Über ein historisches Vorbild namens *Davy Jones* (einen Piratenkäpt'n?) herrscht Unklarheit.

Captain Lows Satzung

(entnommen dem *Boston News-Letter vom 8. August 1723*)

1   Der Kapitän hat Anrecht auf zwei Anteile, der Steuermann auf anderthalb; Arzt, Maat, Kanonier und Bootsmann auf je einen und ein Viertel

2   Wer für schuldig befunden wird, an Bord des Freibeuters oder einer von uns eingenommenen Prise eine unzulässige Waffe erhoben zu haben, um einen anderen zu schlagen oder ihm wehzutun, soll die Strafe erleiden, die der Kapitän und die Mehrheit der Mannschaft für angemessen halten.

3   Wer für schuldig befunden wird, im Gefecht Feigheit gezeigt zu haben, soll die Strafe erleiden, die der Kapitän und die Mehrheit für angemessen halten.

4   Wer an Bord einer Prise Gold, Juwelen, Silber oder Ähnliches im Wert von einem Peso entdeckt und der Finder dieses nicht binnen 24 Stunden an den Quartiermeister abliefert, soll er die Strafe erleiden, die der Kapitän und die Mannschaft für angemessen halten.

5   Wer für schuldig befunden wird, um Geld gespielt oder einen anderen um den Wert

eines Schillings betrogen zu haben, soll die Strafe erleiden, die der Kapitän und die Mehrheit der Mannschaft für angemessen halten.

6   Wer das Unglück erleiden sollte, im Gefecht ein Glied zu verlieren, soll 600 Pesos erhalten und so lange bei der Mannschaft bleiben können, wie er mag.

7   Gefangenen soll gutes Quartier geboten werden, wenn sie darum ersuchen.

8   Derjenige, der als Erster ein Segel entdeckt, soll die beste Pistole oder Handfeuerwaffe erhalten, die wir auf dem Schiff erbeuten.

9   Derjenige, der sich der Trunkenheit schuldig macht zur Zeit einer kämpferischen Auseinandersetzung, soll die Strafe erleiden, die Kapitän und Mannschaft für angemessen halten.

Keine Betätigung von Schusswaffen unter Deck

(Übersetzung Punkt 1 – 8: *David Meienreis, Libertalia*)

Zusätzliche (erschlossene) Regeln:

10   Kein verheirateter Mann darf dazu gezwungen werden, ihrer Company beizutreten

11   Gefangene dürfen nicht kaltblütig getötet werden

12	Niemand darf heimlich mit Gefangenen sprechen
13	Schiffe aus England sollen nicht gekapert werden (außer das Schicksal entscheidet anders, und sie haben eines versehentlich gekapert)
14	Es dürfen keine Boote zwischen den Schiffen (der Flotte) nach 8.00 abends bis zum Tagesanbruch verkehren
15	Sofern einer aus der Company irgendetwas anstiftet oder bespricht, was auf eine Trennung oder ein Auseinanderbrechen der Company hinzielt, oder wenn er in irgendeiner Weise anbietet oder sich bemüht, die Company im Stich zu lassen oder zu verlassen, soll diese Person auf Befehl des Quartiermeisters erschossen werden, ohne Verurteilung durch den Kriegsgerichtshof.

Punkt 1 – 8 wird in der „Allgemeinen Geschichte der Piraten" von *Captain Johnson* (Ausgabe 1728) als *Captain Lowthers* Satzung ausgegeben. Lowther war ja der Pirat, unter dem Low seine Lehrzeit absolvierte. Sehr wahrscheinlich übernahm Low große Teile der Satzung von seinem „Lehrer" nach ihrer Trennung.

Allerdings sind die 10 Punkte von Lows Satzung bereits im „Boston News-Letter" August 1723 (also noch während Lows Aktivitäten) editiert. Wir wissen auch, von welcher Quelle die Zeitung diese hatte: Der im Juli 1723 befreite Schiffsarzt *John Kencate* hatte Lows „Grundgesetz" in einer

Gerichtsverhandlung vorgestellt (so weit es ihm im Gedächtnis geblieben war).

Punkt 11 – 16 sind erschlossen aus sonstigen Quellen und Augenzeugenberichten – hauptsächlich *Philip Ashtons* sowie *Captain Roberts'* Bericht.

Punkt 16 verdient einen näheren Blick: Er findet sich in nämlichem Wortlaut in *Captain Roberts'* Bericht und soll Intrigen sowie Anstiftung zu Meuterei oder Desertion innerhalb der Company wirksam unterbinden. In dieser Form räumt er aber dem Quartiermeister ein beachtliches Maß an Exekutivgewalt ein.

Tatsächlich hat laut *Captain Roberts* Quartiermeister Russel gedroht, jeden höchstpersönlich niederzuschießen, der einem Gefangenen hinter seinem Rücken aus der Kaperbeute was zuzustecken versuchte; er hätte auch *Phillip Ashton* (nach dessen erstem missglückten Fluchtversuch) erschossen, wenn die Pistole nicht geklemmt hätte. Doch wie man sah, hatte Russel mit seiner Dominanz die Mannschaft letztendlich an den Rand einer Spaltung gebracht.

Möglicherweise wurde aufgrund dieser Erfahrungen und schwerwiegenden Differenzen besagte Modalität später abgeändert bzw. abgeschafft (gemäß allgemeinem Votum). *Francis Spriggs* ging nämlich als Quartiermeister und Russels Nachfolger nicht so weit: Auch er wollte Ashton wegen Verdacht auf Meuterei[23] liquidieren, fragte vorher aber beim Commodore an (der dann ein Nein aussprach).

Da wir nun schon mal beim Amt des Quartiermeisters sind: Es ist verwunderlich, dass Selbiger in Punkt 1, dem Beuteverteilungsschlüssel, nicht aufgeführt ist, hätte er doch die gleichen Ansprüche gehabt wie Maat oder Bootsmann! *Jacob de Bucquoy*, Kartograph und Weltreisender, der über die

---

[23] siehe Kapitel „Gejagt"

Gebräuche der Piraten auf Madagaskar schreibt, weist jedoch darauf hin:

„Der Quartiermeister gilt für seinen Teil ebenfalls nur als ein Mann, doch legt ihm jeder für seine Bemühungen etwas dazu.“

Im Klartext: Der Quartiermeister erhielt den gleichen Beuteanteil wie ein normales Mannschaftsmitglied; da er von jedermann aber noch eine Art „Trinkgeld" zugesteckt bekam, stand er ganz gut da. Man muss ja bedenken, dass in sein Ressort außerordentlich verantwortungsvolle Aufgaben fielen, wie etwa die Logistik.

Unter Low mag dies ähnlich geregelt gewesen sein wie bei den „Kollegen" auf Madagaskar.

Edward Lows Satzung weicht auch nicht sehr ab von den Regeln der Kapitäne *Black Barty* und *Phillips* (die *Captain Johnson* noch vorlegt). Ein überaus demokratisches Element dieser „Piratenverfassungen" ist der sog. Beuteverteilungsschlüssel: Ein Kapitän hatte nur auf das Anderthalbfache bis höchstens Doppelte vom allgemeinen Beuteanteil Anspruch. Im gesetzlichen Erwerbsleben bestand zwischen dem Einkommen eines Kapitäns und dem eines gewöhnlichen Seemanns eine erhebliche Differenz. Selbst ein Maat scheint nur bescheiden entlohnt worden zu sein – wären sonst so viele ehemalige Maate Pirat geworden?

Das gleiche Stimmrecht eines jeden Mitglieds sowie die Bedeutung der Vollversammlung sind in Lows Satzung nicht aufgeführt, wurden somit wohl als längst selbstverständlich angesehen.

In keiner Satzung fehlt allerdings Punkt 6 – die „Berufsunfähigkeitsversicherung": War ein Crewmitglied durch schwere Verletzungen (im Kampf oder nur bei der seemännischen Arbeit erworben) dauerhaft versehrt, hatte es

Anrecht auf eine faire Entschädigung und wurde nicht von der Gemeinschaft verstoßen. Im gesetzlichen Leben sah das wiederum nicht so rosig aus: In solchem Fall wurde man auf die Straße gesetzt und zum Betteln verdammt, sofern sich nicht Angehörige oder Freunde erbarmten...

So eine „Verfassung" wurde meist bei Gründung einer Crew gemeinsam aufgesetzt und musste von jedermann unterzeichnet werden. Wie Low in *Captain Roberts'* Bericht ausführt, konnten bei Unstimmigkeiten nachträglich Veränderungen (in Form von Ergänzungen oder Streichungen) vorgenommen werden.

Man unterstellt Lows „Articles of Agreement" verschiedentlich, dem Kapitän zu viel Macht einzuräumen – indem etwa die Strafen für Vergehen nicht von vornherein festgelegt sind, sondern *„wie sie der Kapitän und die Mehrheit der Mannschaft für angemessen halten."* Solches würde dem Kapitän zu viel Spielraum gewähren.

Ein Piratenkapitän wurde aber immer von der Majorität kontrolliert, wie es hier ja auch festgelegt ist. Außerdem hat Low diesen Wortlaut von seinem „Lehrer" *George Lowther* übernommen; die Formulierung hat also nichts mit „diktatorischen" und „autokratischen" Bestrebungen Lows zu tun! Wie (nicht nur) *Captain Roberts'* und *Philip Ashtons* Berichterstattung enthüllen, hat Ned Low größten Wert auf Einhaltung der Satzung gelegt. Er hätte seinen Posten als Kapitän sonst wohl nicht zwei volle Jahre innegehabt!

Der Sturm

Die *Kapverden* hinter sich lassend nahm Lows Flotte den
Sprung über den Atlantik in Angriff. Mehrere Wochen
befanden sie sich nun auf offener See, zehrend von allem, was
sie an Verpflegung bei ihren vergangenen Kaperungen an Bord
„gebunkert" hatten.

Gegen Ende der Überfahrt, schon nahe der Küste, gerieten
sie in jenen heftigen Sturm, der später den Künstler *Joseph
Nicholls* zu seiner Darstellung Ned Lows im Hurrican
inspirierte!

Der Sturm wütete fünf Tage. Es war allerdings nicht jener
Hurrican, den *Captain Johnson* beschreibt, und der im August
1722 in der Karibik verheerende Schäden angerichtet hatte.
Johnsons verkorkste Chronologie verlegt Lows Sturmabenteuer
fälschlich in den August. Von den *Kapverden* waren die
Piraten aber erst Ende Oktober losgesegelt (erfahrene Seeleute
wie Low mieden natürlich die Karibik zur Hurrikan-Saison).

Dennoch sei hier *Captain Johnsons* mitreißend packender
Bericht des Kampfes mit dem Sturm zitiert:

*„Sie... gerieten auf ihrer Fahrt in einen Hurrican,
dergleichen man bisher noch nie erlebt hatte; die Brecher
türmten sich zu Bergeshöhe und schienen sie jeden Augenblick
mit der Vernichtung zu bedrohen; jetzt war keine Zeit, nach
Beute Ausschau zu halten, sondern nur, sich, wenn möglich,
vor dem Untergang zu retten. An Bord der Brigantine* (es
handelte sich um die Pinke „Rose"!) *waren Tag und Nacht
ohne Unterlass alle Mann beschäftigt, indes mit nur geringem
Erfolg, denn die Wogen schlugen über ihr zusammen, so dass
sie gezwungen waren, beständig die Pumpe zu bedienen und
außerdem mit Eimern auszuösen; da sie indes feststellten, dass*

sie nicht imstande waren, sie zu lenzen, machten sie sich an den Flaschenzug, hievten ihre Nahrungsmittel und andere schwere Güter heraus und warfen sie mit sechs ihrer Kanonen über Bord, auf dass das Schiff, indem sie es erleichterten, sich mit den Wellen auf den Wogenkämmen würde halten können: Sie standen auch im begriff, ihren Mast zu kappen; aber da sie bedachten, wie gefährlich es wäre, in einen solchen Zustand zu geraten, beschlossen sie, dies bis zum letzten aufzusparen, woran sie sehr klug taten; ...

*Indem sie die Schwergüter über Bord geworfen hatten, zog das Schiff erheblich weniger Wasser, und sie vermochten es nur mit der Pumpe unter Kontrolle zu halten, was ihnen neue Hoffnung und neuen Lebensmut einflößte; und anstatt alles zu kappen, ergriffen sie die notwendigen Maßnahmen, um die Masten zu sichern, indem sie Bürg-Taue etc. zogen, dann halsten sie und lagen über dem anderen Stag bei, bis der Sturm vorüber war. Der Schoner wurde von den beiden etwas besser mit dem Sturm fertig, wurde dessen ungeachtet aber recht derb mitgenommen, denn sein Großsegel riss, sein Bugspriet zersplitterte, und seine Anker wurden von den Ringen gerissen. Indem die Brigantine (= „Rose" Pink), als sie über den Backbord-Stag ging, leewärts abgetrieben worden war, hatte sie den Schoner aus den Augen verloren; aber da sie nicht wusste, ob er davongekommen sei oder nicht, setzte sie, sobald der Wind sich legte, ihre Groß- und Topsegel und machte kurze Abstecher windwärts; und hatte am nächsten Tag das Glück, ihr Schwester-Schiff zu sichten, welches auf ein Signal hin, das es kannte, auf sie zuhielt, und die Mannschaft war überglücklich, wieder zusammenzutreffen, nachdem Wind und Wasser ihnen so übel mitgespielt hatten. (*Übersetzung: *Stingl)*

Obwohl er ja selbst der Gefahr ausgesetzt war, bestand für Ashton kein Zweifel, dass hier das himmlische Strafgericht auf die „bösen Buben", in deren Gesellschaft er sich gezwungenermaßen befand, herabfuhr.

Die Pinke „Rose" und der Schoner „Fancy" schlugen sich somit tapfer und kamen durch. Eine beachtliche seemännische Leistung, die allen das Äußerste abverlangt hatte und die Gemeinschaft sicher noch mehr zusammenschweißte!

Nicht jede Piratencrew hatte Kämpfe mit Stürmen gewonnen: 1717 hatte der Pirat *Samuel Bellamy* in einem schweren Sturm an der nordamerikanischen Küste Schiffbruch erlitten mit seiner „Whydah", wobei fast die gesamte Mannschaft ertrunken war!

„Nach dem Sturm," fährt *Captain Johnson* fort, *„gelangte Low sicher zu einer kleinen Insel... im Austausch für einige Güter bekamen sie von den Eingeborenen Nahrungsmittel."*

Endlich – nach mehrwöchiger Überfahrt sowie einem fünftägigen Kampf gegen den Sturm – an Land, Kontakt mit anderen Menschen und vor allem frische Lebensmittel!

Das traurige Ende der „Rose"

Vom Sturm ziemlich zerzaust hatten die „Rose Pink" und der Schoner „Fancy" eine kleine Inselgruppe vor der Küste von *Surinam* angesteuert – die sog. *Triangles*. Diese Inselchen sind in Dreieckform geordnet und tragen heute die Namen: „Iles du Salut" und „Ile du Diable". Hier sollten erstmal die Schäden repariert und beide Schiffe „careent" werden.

Piraten konnten sich nicht den Luxus eines Trockendocks leisten. Daher war alle paar Monate das lästige Kielholen fällig, um den Schiffsrumpf von allerlei „Anhaftungen" freizukratzen, die so ein Schiff erheblich ausbremsen konnten.

Diesmal aber lief beim Reinigen der großen Fregatte etwas schief. Ashton erzählt:

„Denn als sie die Pinke niederhievten, hatte Low so viele Mann auf Wanten und Rahen beordert, um ihren Boden aus dem Wasser zu heben, dass es ihre Luken, welche offen standen, unter Wasser setzte; mit solchem Druck floss dieses hinein, dass es das Schiff auf der Stelle umkippte. Low und der Doktor waren in der Kabine zusammen, und sobald Ersterer gewahr wurde, dass das Wasser sich über ihn ergoss, hechtete er aus einer der Heckluken, was der Doktor auch versuchte; die See aber brach in diesem Moment so heftig durch die Luke, dass sie ihn zurück in die Kabine drückte. Daraufhin streckte Low flugs seinen Arm durch die Luke, kriegte die Schulter (des Arztes) zu fassen und zog ihn raus, rettete ihn also. Das Schiff kippte seine Masten auf den Grund, in etwa sechs Klafter Tiefe, und drehte seinen Kiel aus dem Wasser; als aber sein Rumpf sich füllte, sank es; ...Die Männer, die sich auf seinen Wanten und Rahen befanden, begaben sich auf ihren Rumpf,

als dieser zuoberst war, und sodann auf seine Topmasten und Wanten, als diese wieder hochgehoben wurden."

Ashton selbst schwebte in höchster Lebensgefahr, denn er hatte sich mit den anderen in der Takelage befunden. Als Nichtschwimmer konnte er sich nur mit einiger Not aus der Gefahrenzone retten. Zwei Mann kostete der Unfall das Leben.

Das wahrhaft tragische Ende der „Rose"! Auf diese Weise hatte Low sein stolzes Flaggschiff eingebüßt, das ihn und seine Mitstreiter zuvor noch wacker durch den tobenden Sturm und quer über den Atlantik getragen hatte. So waren die Tage seiner kleinen Flotte erstmal gezählt, und man musste mit dem Schoner „Fancy" vorlieb nehmen, bis ein neuer Schiffsfang glückte...

Low war an und für sich ein mit derlei Prozeduren vertrauter Mann – die Pinke war zuvor schon problemlos „careent" worden. Aber schauen wir doch noch mal in den Bericht:

„... Low und der Doktor waren in der Kabine zusammen..."

Wie bitte? Kapitän und Schiffsarzt befinden sich im Innern des bereits in Schieflage gebrachten Schiffes??

Wollten sie vielleicht beim Kartenspielen nicht gestört werden oder nur mal ganz für sich Plauderstündchen halten? Spaß beiseite – es konnte hierfür nur einen außerordentlichen Anlass geben...

Des Rätsels Lösung hängt möglicherweise mit der Person des Schiffsarztes zusammen: *John Kencate*, zwangsrekrutiert im vergangenen Herbst an den *Kapverden*, weil Low offenbar einen neuen Arzt brauchte. Der erst 22jährige *Kencate* stammte aus Schottland, wo er sein Medizinstudium an der Universität *Edinburgh* abgeschlossen hatte.

Als in einem späteren Prozess untersucht wurde, inwieweit *Kencate* die Piraten aktiv unterstützt hatte, sagten Crewmitglieder zu seinen Gunsten aus:

„Er verbrachte einen Großteil der Zeit mit Lesen und war sehr zuvorkommend zu den von Low gemachten Gefangenen... Auch nahm er nichts aus der Beute an..."

Allerdings gab es auch Aussagen, er sei häufig betrunken gewesen. Gut vorstellbar, dass er seinen Frust über die Zwangsrekrutierung und den damit verbundenen Stress mit Hochprozentigem weggespült hat. Er war ja noch relativ jung und nicht so abgebrüht wie ein dienstälterer Arzt...

Was nun, wenn *Kencate* beim Kielholvorgang (weil er einen ganz, ganz spannenden Roman las – pardon: eventuell sturzbetrunken war) schlichtweg im Schiff vergessen worden war, oder besser ausgedrückt: Die Aufforderung, das Schiff zu räumen, volltrunken nicht mitgekriegt hatte? Wenn seine Abwesenheit erst aufgefallen war, als man zur Tat schreiten wollte, der Kapitän sich also persönlich bemüßigt sah, sich rasch an Bord zu begeben, um den Mediziner rauszuholen? Low wird da natürlich angeordnet haben, den Kippvorgang noch nicht zu starten bzw. zu stoppen; möglicherweise hat aber nicht jeder seine Anordnung mitgekriegt, es mochte Durcheinander gegeben haben, weil der Kielholvorgang nicht ordnungsgemäß beaufsichtigt wurde.

Für diese Theorie spricht auch, dass *Kencate* die Geistesgegenwart fehlte, sich zu retten. Es bedeutete, selbst für einen kräftigen Mann wie Low, einen enormen Kraftakt, den Arzt gegen den Druck des einströmenden Wassers rauszuziehen; außerdem musste Ned selbst aufpassen, dass er dabei nicht ins Schiffsinnere gesogen wurde! Beide schwebten in höchster Lebensgefahr, da das Schiff (wie Ashtons Bericht veranschaulicht) rasch kippte!

Es ist bemerkenswert, dass Ashton, der ja selber knapp davongekommen war, Lows Lebensrettungsaktion zumindest kurz erwähnt. Er hat sie wohl aus Kencates eigenem Mund erfahren.

Der Streich von Grenada

Nun also musste sich Lows gesamte Crew erstmal auf dem Schoner „Fancy" zusammendrängen (es waren ungefähr neunzig Mann). Die Trinkwasservorräte waren auch arg zur Neige gegangen. Man nahm Kurs auf die Insel *Tobago*, an der man aber durch die starke Strömung und eine Windflaute vorbeigetrieben wurde. So hielt man auf das unter französischer Hoheit stehende *Grand Grenada* zu, das man erreichte, nachdem man sich über zwei Wochen lang mit einem Becher Wasser pro Tag hatte begnügen müssen!

Grenada anzusteuern, war nicht ohne Risiko, da es ein „regulärer" Hafen war, wo Kontrollen durchgeführt wurden. Aufgrund der eklatanten Wasserknappheit konnte man es sich aber nicht leisten, nach einem diskreteren Landeplatz zu suchen.

Hier griff nun Low zu einer List, die er zu einem früheren Zeitpunkt schon mal anzuwenden versucht hatte: Als er nämlich, getarnt als harmloses Fischerboot, in den Hafen von *St. John's/* Neufundland kühn einzudringen suchte, um sich vermeintlich fette Beute zu sichern, die sich – zu seinem Glück noch rechtzeitig – als Kriegsschiff herausstellte.

Geben wir wieder Ashton das Wort:

„Hier kamen die Franzosen an Bord, und Low, der all seine Männer unter Deck beordert hatte, außer einer genügenden Anzahl, das Schiff zu segeln, antwortete ihnen auf ihre Erkundigungen, woher er war, dass er von Barbados käme und sein Trinkwasser eingebüßt hätte, daher genötigt war, in den Hafen einzufahren, um neues aufzunehmen. Die bedauernswerten Leute, die in ihm keinen Piraten vermuteten, ließen bereitwillig zu, dass er seine Leute an Land schickte, um

98

Vorräte aufzunehmen. Da aber den Franzosen später der Verdacht kam, er wäre ein Schmuggler, gedachten sie, einen tollen Fang zu machen; anderntags statteten sie eine große Rhode Island-Schaluppe von 70 Tonnen aus, mit vier Kanonen ausgerüstet und über 30 Leuten, mit der Absicht, ihn zu schnappen. Low vermutete von ihrer Seite keine Gefahr, bis sie dicht an seiner Seite anlegten; nun realisierte er vollends ihre Absicht, durch ihre Anzahl und Aktion, und dann rief er seine Mannen an Deck. Da er über 90 Leute an Bord hatte sowie acht Kanonen, wurden Schaluppe und Franzosen für ihn eine leichte Beute – aus der Schaluppe machte er einen Privateer (das heißt er beschlagnahmte sie für eigenen Gebrauch).*"*

Ein geistesgegenwärtig und elegant geführter Handstreich! Und ganz nebenbei hatte sich Low auf die Schnelle wieder ein zweites Schiff verschafft!

Gejagt

Nun, da sich die Crew lange genug auf dem Schoner „Fancy" zusammengedrängt hatte, konnte man sich wieder auf zwei Schiffe verteilen. Low wurde Commodore auf der frisch gekaperten und „Fortune" getauften Schaluppe, während ein gewisser *Francis Spriggs* nun die „Fancy" kommandierte. Spriggs hatte mal zu *Captain Lowthers* Garnitur gehört, sich dann aber bei der Trennung von Low und seinem „Lehrer" Ersterem angeschlossen.

Francis Spriggs übte übrigens auch das Amt des Quartiermeisters aus. Also befand sich John Russel nicht mehr auf diesem Posten, und man hört künftig auch nichts mehr von ihm. Gut vorstellbar, dass der widerborstige Russel nach dem Debakel um *Captain Roberts* (den er ja mit nahezu nacktem Schiff weggeschickt hatte) entweder durch mehrheitliches Votum seines Postens enthoben worden war bzw. die Mannschaft in beiderseitigem Einverständnis verlassen hatte. Laut *Captain Roberts* hatte Lows Flotte zur Zeit seines Aufenthalts aus drei Schiffen bestanden; Russel könnte sich mit diesem dritten Schiff und seinen Parteigängern noch vor der Atlantiküberquerung von Low getrennt haben.

Mit seiner neuen Miniflotte kreuzte Low entlang den Westindischen Inseln. Hier waren gute „Jagdgründe", und es gingen ihm eine ganze Anzahl „kleinerer Fische" ins Netz, die ihn zumindest mit Vorräten versorgten (u. a. einer Ladung *Madeira*-Wein!). Er ankerte schließlich an der Insel *Sainte Croix*.

Und hier kam es ihm, so sein „Chronist" Ashton, *„in den Sinn, dass er einen Medikamentenkasten brauchte. Um einen zu besorgen, beorderte er vier gefangene Franzosen an Bord* *einer der von ihm unlängst gekaperten Schaluppen und schickte sie nach St. Thomas... mit dem Versprechen, dass, sofern man ihm umgehend einen guten Medikamentenkasten besorgen würde,... sie ihre Leute und Boote wiederkriegen würden; andernfalls würde er alle Mann töten und die Boote verbrennen. Aus Mitleid zu ihren Nachbarn, und um ihre Interessen zu wahren, erfüllten sie bereitwillig die Forderungen, so dass innerhalb von wenig mehr als 24 Stunden die vier Franzosen zurückkehrten mit dem, wofür man sie ausgeschickt hatte. Gemäß dem Versprechen wurden sie und ihre Schaluppen entlassen."*

St. Thomas war eine weitere, ca. 60 km nördlich gelegene kleine karibische Insel. Lows bewährte Taktik, mithilfe von Geiseln an dringend benötigte Güter zu kommen, die er bereits beim Gouverneur der *Azoren* sowie dem von *Madeira* angewandt hatte, ging auch hier auf.

Mit *John Kencate* hatte Low ja einen fähigen Arzt an Bord – der aber nützte nicht viel ohne das notwendige „Equipment", also Instrumente, Arzneien sowie Verbandszeug (und das alles in einigermaßen einwandfreiem Zustand). Nach der strapaziösen Atlantiküberquerung sowie der Phase von Trinkwasserknappheit mochten viele Crewmitglieder einer gründlichen ärztlichen Behandlung bedürfen.

Ein volles Jahr segelte Low nun unter schwarzer Flagge, und er näherte sich wieder „alten Gefilden" – dem Golf von *Honduras*, wo er seine Piratenlaufbahn zu Beginn des Jahres 1722 gestartet hatte. Um Kuba und Jamaica wurde ein Bogen gemacht, da sich dort starke Marinestützpunkte befanden. Die Zeiten, in denen sich Bukaniere und Freibeuter dort ungefährdet tummeln konnten, waren vorbei.

Die Kriegsmarine hatte so oder so ein waches Auge, um piratische Aktivitäten in der gesamten Karibik einzudämmen.

Jederzeit musste man auf Begegnungen mit Kriegsschiffen gefasst sein. Allerdings verbarg sich nicht hinter jedem stolzen Dreimaster ein solches. Kam Low ein größeres Objekt vors Fernrohr, riskierte er daher zunächst mal einen genaueren Blick, da es sich auch um ein fettes Stück Beute handeln konnte.

Kurz zuvor hatte er auf diese Weise eine Schnau[24] gekapert, kurz vor ihrem Ziel *Curacao,* und dieselbe offenbar seiner Miniflotte eingegliedert.

In der Erwartung, dass Glück wäre ihnen ein weiteres Mal hold, heftete man sich vorwitzig an die Fersen zweier großer Schiffe, bis man realisierte, dass das eine zweifellos ein Kriegsschiff war! Nun hieß es rasch abdrehen! Die britische „Mermaid" roch aber natürlich Lunte, drehte den Spieß um und scheuchte nun die Piraten vor sich her. Ihre prächtige Beute, die Schnau „Unity", wurde nun zu einem Klotz am Bein. Nicht von Ashton, sondern aus einem Zeitungsbericht weiß man, dass Low in aller Eile eine ganze Reihe zwangsrekrutierter Leute auf die Schnau verbringen und diese dann frei ließ, um seine Flucht ungehindert fortzusetzen. Diese Glückspilze entgingen ihrerseits dem Risiko, zusammen mit den Piraten geschnappt und vor Gericht gestellt zu werden. Von Low aber auch ein raffinierter Schachzug, da sich die Verfolger sicher zunächst mal mit der Schnau befassten, bevor sie ihre Jagd fortsetzten.

Als sie irgendwann gefährlich nahe kamen, begannen Schoner „Fancy" und Lows „Fortune" getrennte Kurse zu segeln – während Erstere zur Küste hin schwenkte, wandte sich Low in Richtung offenes Meer. Ihm blieb der Verfolger auf den Fersen, und war schon bald bis auf Schussnähe heran!

Nun aber kam Low die Gunst des Schicksals zu Hilfe. Einer seiner Leute kannte nämlich in just diesen Gefilden eine

---

[24] Handelsschiff-Typ des 18. Jh.

tückische Untiefe, wohin man das Schiff eilends dirigierte. Die Schaluppe mit ihrem geringen Tiefgang konnte die Stelle unbehelligt meistern, während das massige Kriegsschiff auf Grund lief! Vorbei war die äußerst prekäre Hatz…

Man fand sich allerdings getrennt von den Kameraden auf der „Fancy“, die sich irgendwo an der Küste versteckt hatten. *Philip Ashton* war übrigens seit kurzem auf dem von Spriggs kommandierten Schoner untergebracht. Er war Zeuge geworden, wie Spriggs und ein Kamerad beim Angriff der „Mermaid“ feierlich vereinbart hatten, sich gegenseitig zu erschießen, im Falle, dass sie jetzt gestellt wurden. Das war kein seltenes Ritual unter Piraten, um Justiz und Galgen „ehrenvoll“ zu entgehen.

Die „Fancy“ rettete sich in eine geschützte Bucht. Später segelte Spriggs weiter in den Golf von *Honduras*, um dort an einer kleinen Insel erneut zu ankern. Offensichtlich ging er davon aus, dass er seinen Commodore nicht wiedersehen würde – so dicht, wie die „Mermaid“ dem nachgesetzt war, mochte es kaum Hoffnung geben. Spriggs ahnte ja nichts von der List, mit welcher seine Gefährten den gefährlichen Verfolger abgeschüttelt hatten. Er machte also Pläne, mit dem kümmerlichen Rest nordwärts zu segeln, um die Crew baldmöglich zu vergrößern.

Dieser momentan geschwächte Zustand der Mannschaft ermutigte Ashton und sieben weitere zwangsrekrutierte Mitstreiter, sich ihre Freiheit zu erkämpfen. Allerdings sollte ihrer eine Überraschung harren. Denn:

„Am Tag, wo sie von (der Insel) Utilla absegelten, über fünf Wochen nach ihrer Trennung von Low, sichteten sie eine große Schaluppe, die auf sie zuhielt. Spriggs, der die Schaluppe nicht kannte, hatte den Eindruck, es könnte ein spanischer Privatier sein, gefüllt mit Leuten, während er selbst schwach bemannt

war; deshalb sah er zu, ihr zu entrinnen. Die Schaluppe überholte den Schoner weit. Low, der seinerseits den Schoner erkannte, dachte, er könnte seit ihrer Trennung in die Hände ehrlicher Männer gefallen sein; er schoss auf ihn und traf mit dem ersten Schuss. Da Spriggs die Schaluppe ungewöhnlich vollgepackt mit Leuten sah (Low war nämlich in Honduras gewesen, hatte eine weitere Schaluppe gekapert, zahlreiche Leute aus der Bucht aufgebracht und war nun 100 Mann stark) und seinen alten Kameraden immer noch nicht erkannte, weigerte er sich beizudrehen und setzte seine Flucht fort – entschlossen zum tapferen Kampf, sollten sie ihn einholen. ... Indem Low aber seine Piratenflagge hisste, gab er sich zu erkennen.

Dann herrschte grausig lärmende Freude unter den Piraten beider Seiten, begleitet von Kanonenschüssen und Trinkgelagen – Freude, ihren alten Boss mitsamt Gefährten wiedergefunden zu haben und von deren knappem Entrinnen zu erfahren."

Für Ashton hätte diese unerwartete Wendung beinahe fatale Folgen gehabt. Spriggs hatte nämlich doch irgendwie Wind bekommen von einer geplanten Meuterei, wovon er umgehend den Commodore in Kenntnis setzte. Als Spriggs die Erschießung der Verdächtigen forderte, *„tat Low das mit Gelächter ab und meinte, er hätte davon nichts gewusst, aber, wäre er in unserer Lage gewesen, selbst genauso gehandelt. Was Spriggs auch vorbrachte, vermochte nicht Lows Ressentiments zu schüren und uns eine schlimme Strafe zu bescheren.*

Somit schützte uns Lows fröhliche Miene diesmal; denn hätte er ein Wort in Übereinstimmung mit Spriggs Forderung getan, wären sicherlich einige von uns, wenn nicht alle, verloren gewesen."

Wahrscheinlich war Low aufgrund der Gunst des Schicksals, die ihn wieder mit den Kameraden vereint hatte, in so guter Stimmung, dass er dieselbe nicht mit Todesurteilen verderben wollte, damit sogar in Kauf nahm, dass sich sein Vize Spriggs vor den Kopf gestoßen fühlte. Jener gab für diesmal klein bei – andernfalls hätte er in dieser Angelegenheit eine Abstimmung fordern können. Es sollte später nochmals einen ähnlichen Zusammenstoß zwischen beiden geben, der zu ihrer vorübergehenden Trennung führte. Low war offenbar mittlerweile den Umgang mit dominanten Quartiermeistern gewöhnt.

Ashton, dem es unter Spriggs zu ungemütlich wurde, erhielt bald seine lang ersehnte Chance. Bei Lows nächstem Stop an der Insel *Rattan (Roatan)* im Golf von *Honduras* nutzte er die Gunst des Augenblicks. Er schloss sich kurzerhand einem Wasserholtrupp an. An Land stahl er sich dann von den anderen davon. Nun war er zwar erlöst von den Piraten, die gar nicht erst nach ihm suchten – aber wie ein Robinson sollte er über ein Jahr nahezu ohne menschliche Gesellschaft auf der unbewohnten Insel zubringen. Schließlich erhielt er Gesellschaft von einigen sogenannten „Baymen" – diese lebten und arbeiteten im Golf von *Honduras* zumeist als Holzfäller (waren somit am illegalen Blutholzexport beteiligt und selbst ständiger Gefahr durch spanische Patrouillen ausgesetzt). Zu allem Überfluss wäre er beinahe Spriggs fatalerweise wiederbegegnet, als es jenen allein in die Karibik zurückverschlug.[25] Erst im Frühjahr 1725 wurde Ashton von einem englischen Schiff aufgelesen, das ihn in seine Heimat *Massachusetts* brachte. Dort machte er sich umgehend daran,

---

[25] Kapitel „Piratendämmerung"

mit Hilfe des Pastors seiner Heimatstadt seine dramatischen Erlebnisse zu Papier zu bringen.[26]

Er ist damit für Low und die Aktionen seiner ersten „Saison" als Pirat zu einem unschätzbar wichtigen Augenzeugen, ja, man kann sagen: „Chronisten" geworden. Ohne seine chronologisch zuverlässigen Schilderungen wäre man *Captain Johnsons* chaotischer Berichterstattung jener Ereignisse ausgeliefert. Ashton bietet außerdem ergänzend manch aufschlussreiche Randnotiz, speziell zu Kapitän Low. Seine Äußerungen über jenen erscheinen dabei weitgehend frei von emotionalen Wertungen oder moralischen Verurteilungen. Hingegen bringt Ashton manches Detail, das Low sogar in ein menschlich günstiges Licht rückt – wie z. B. die Rettung des Arztes *Kencate*. Man erhält gar den Eindruck, dass Ashton ein quasi ambivalentes Verhältnis zu seinem Entführer entwickelt hatte. Reicht dafür als simple Erklärung aus, dass Low ihn vor Spriggs' Vergeltung bewahrt hatte?

Es gibt einen deutlichen Hinweis, dass der Kapitän und Ashton im Laufe der Fahrt vertrauteren Umgang miteinander hatten: Nämlich Philips (bereits zitierte) Aussage, er habe Low häufig weinen sehen! Da der Pirat kaum an Deck vor anwesender Crew geweint haben wird, sondern vielmehr in seiner Kabine, erschließt sich zwischen beiden ein näherer Umgang. Auf den ersten Blick ungewöhnlich, doch sollte es in Lows späterer Laufbahn nochmals ein zwangsrekrutiertes Crewmitglied geben, das des Kapitäns Vertrauen erwarb.[27]

Ashton verabscheute das Treiben der „*boshaften Crew*" aufs Deutlichste; den Kapitän behandelt er schonend. Hängt es damit zusammen, dass er so manche durchaus bedeutsame

---

[26]Ashtons Bericht bildet in *Dow/Edmonds* ein eigenes Kapitel
[27]Siehe Kapitel „Die Meuterei"

Kaperung (vor allem englischer Schiffe) einfach verschwieg?[28] Er hätte aber wohl kaum Grausamkeiten verschwiegen, derer sich Low selbst schuldig gemacht hätte...

Lows familiäres Schicksal schien sich bei Ashton insofern zu wiederholen, als dessen erste Ehefrau kurz nach der Geburt einer Tochter starb; er heiratete erneut und nannte das erstgeborene Kind dieser Verbindung Eliza! Vielleicht ein Zufall – vielleicht aber auch ein Hinweis darauf, dass den jungen Mann die Vergangenheit seines Entführers tief berührt hatte.

---

[28]z. B. die Kaperung der Schnau „Unity", die die Piraten eine beträchtliche Strecke mit sich führten

Das Blutbad

Low und seine kleine Flotte hatten zu der Zeit, als Ashton ihnen entwischte, einen längeren Aufenthalt in einem abgeschiedenen Inselhafen, mit dem hochtrabenden Namen *Port-Royal Key*. Dort entluden sie erstmal die Schaluppe, die Low kurz nach seiner geglückten Flucht vor der Marine gekapert hatte. Diese war (wer könnte es sich nicht denken) mit dem begehrten Blutholz beladen. Selbiges wurde nun auf den Schoner „Fancy" umgeladen, den man mit fünf Mann Besatzung fortsegeln ließ. Diese fünf waren wahrscheinlich Gefangene der Blutholz-Schaluppe, denen Low Schoner mitsamt Holz überließ.

Da nun die „Fancy" ausgeschieden war (sie mochte nicht mehr so „fit" sein nach der ereignisreichen Runde über den Atlantik), bestand Lows kleine Flotte nunmehr aus zwei Schaluppen: dem Flaggschiff „Fortune" sowie dem „Ranger". Einen Tag nach Ashtons Flucht verließen die Piraten *Port-Royal Key*. Kurz zuvor oder danach hatte sich ihnen übrigens ein „alter Bekannter" angeschlossen: *George Lowther*, Neds einstiger Lehrmeister. Der kreuzte also auch gerade in diesen Gewässern. Hier, in der Karibik, hatte man sich vor über einem Jahr kennengelernt; nun tat man sich vorübergehend mal wieder zusammen.

Der nächste Coup sollte nicht lange auf sich warten lassen: Bald darauf trafen sie auf eine spanische Schaluppe, die just mehrere englische Schiffe gekapert und deren Kapitäne als Geiseln genommen hatte – dem Anschein nach eine Küstenpatrouille, die die Engländer beim Blutholzexport ertappt hatte. Die nun respektable Piraten-Gang überwältigte die ihnen zahlenmäßig unterlegenen Spanier, ohne – laut

Captain Johnson - auf nennenswerten Widerstand zu stoßen. Als man im Schiffsbauch die gefangenen englischen Kapitäne fand, wurde vereinbart, die spanische Besatzung komplett zu liquidieren!

Ein Akt „kaltblütiger" Gewalt – denn da sich der Gegner ja offenbar ergeben hatte, verdiente er laut Piratenkodex eigentlich Schonung, auch wenn es sich um Spanier handelte, die Piraten seit jeher als Erzfeinde galten.

In den Zeitungen fand die unerbittliche Exekution der Spanier meist nur knappe Erwähnung. Laut dem „American Weekly Mercury" (Juni 1723) hatten Lows Leute einem nachmals gekaperten Handelsschiff vollmundig beschrieben,

„wie Low den Golf von Honduras von den Spaniern befreite (!), welche englische Schiffe überrascht hatten, und wie er die Spanier kaperte und alle über die Klinge springen ließ, mit Ausnahme von zwei Jungen..."

Ebenso nüchtern hatte dieselbe Zeitung vorher bereits über jene Aktion berichtet. Der „New England Courant" (Mai 1723) vermerkt, dass die Piraten nach ihrem Coup „ ... *die (befreiten) Engländer zivilisierter als erwartet behandelten. "*

Low erwies sich einmal mehr als *gentleman*-Pirat, indem er umgehend den Kapitänen ihre Schiffe zurückgab. Laut *Captain Johnsons* erster Edition tauschten Low und jene Kapitäne (unter denen einer ein wohlhabender Händler von den *Bermudas* war) *„für einige Tage Höflichkeiten aus und gingen ungezwungen miteinander um"*, während die Piraten in *Johnsons* späteren Ausgaben den Befreiten unter Androhung des Todes (im Falle einer erneuten Begegnung auf See) verboten, zum nahen *Jamaica* zu segeln, um nicht vom dortigen Marinestützpunkt Häscher auf ihre Fährte zu setzen.

Vor allem aber widmet *Captain Johnson* dem Abschlachten der Spanier eine epische Passage. Seine Szene, wo ein Pirat einem bereits am Boden liegenden Spanier in den Mund schießt, ist in einer Illustration zu einer niederländischen Ausgabe der „Allgemeinen Geschichte der Piraten" (von 1725) festgehalten. Im Hintergrund feiern Low und seine Gefolgsleute ein ausgelassenes Trinkgelage. Diese Darstellung und Johnsons außerordentlich dramaturgisch aufgeputzter Bericht haben natürlich im allgemeinen Bewusstsein die Vorstellung vom gefühlskalten Monster Low zementiert.

War Low hier ein wenig in die Fußstapfen der Freibeuter zu Zeiten *Henry Morgans* getreten? Jene hatten freilich mit „staatlicher Lizenz" den Spaniern Schaden zugefügt. Seit Ende des Erbfolgekrieges gab es keinen (offiziellen) Segen mehr für Freibeuterei. Ned Low dürfte aber darauf spekuliert haben, dass seine Befreiung mehrerer englischer Schiffe aus spanischer Hand seinem Treiben nicht nur Wohlwollen sicherte, sondern auch Sympathien und Unterstützung, zumindest in Teilen der englischen und kolonialen Bevölkerung.

Das aber erklärt noch nicht solch ein grausames Massaker an nahezu 50 Spaniern! Diese hatten die Engländer ihrerseits ja nur gefangen genommen, nicht misshandelt oder getötet.

Wirft man nun nochmals einen Blick auf die verschiedenen zeitnahen Zeitungsmeldungen besagter Ereignisse, so fällt auf, dass dort nirgends gesagt wird, die Spanier hätten sich ergeben und wären wehrlos von den Piraten gemetzelt worden! Es geht nicht draus hervor, ob es einen Kampf gegeben hat oder nicht. Kein Bericht geht so ins Detail wie *Captain Johnson*, was dafür spricht, dass Letzterer sich einige „dichterische Freiheiten" zuungunsten der Piraten erlaubt hat: Er erhöht nicht nur die Zahl der Opfer auf 70, sondern auch die Anzahl der Piratenkanonen, während das „British Journal" (Mai 1723) von 10 spanischen Kanonen gegenüber 6 Piratenkanonen spricht!.

Also kann es sehr wohl zum Gefecht gekommen sein, das dann einen äußerst blutigen Ausgang nahm. Man darf nicht vergessen: Vor kurzem waren England und Spanien (wieder einmal) in einen ihrer Handelskriege im karibischen Raum verzahnt gewesen, was die Kampfwut der Piraten gesteigert haben mochte.

Zudem hatte Lows Crew unlängst bedeutenden Zuwachs erhalten – und zwar durch sogenannte „Baymen"; solche, die im Golf von *Honduras* ihre unsichere Existenz mit dem Requirieren von Blutholz bestritten und folglich in ständigem Clinch mit den Spaniern vor Ort lagen. Diese „Baymen" werden sich mit besonderem Grimm auf die Spanier gestürzt haben.

Eventuell hat *Captain Johnson* besagte Hergänge entsprechend „frisiert", um Lows spektakuläre Befreiung von immerhin mehreren englischen Schiffen aus spanischer Gewalt (die z. B. von den „Annals of Philadelphia"[29] euphorisch vermerkt wurde!) zu verdunkeln.

In einem späteren Kapitel kommen wir darauf zurück, warum sich der Hergang nicht ganz so wie bei *Capt. Johnson* geschildert abgespielt haben kann. [30]

Low und sein alter „Lehrmeister" Lowther scheinen sich nach ihrem gemeinsamen Coup gegen die Spanier bald wieder getrennt zu haben. Ned seinerseits wandte sich nun wieder auf der „alten Route" nordwärts, die Westspitze Kubas kratzend. Ab hier ist (der bereits von *Lowther* zwangsrekrutierte) *Charles Harris* als sein Vize nachweisbar; er führte das Kommando über die Schaluppe „Ranger". *Francis Spriggs* bekleidete seinen früheren Posten als Quartiermeister. Somit

---

[29] Siehe auch Kapitel „Das Märchen vom bösen Edward"
[30] Kapitel „Porto Bello"

befand sich der dominante *John Russel* eindeutig nicht mehr bei der Company!

Ned fuhr nun fort, wie ein Fuchs im Hühnerstall zu wüten. Nahe *Kuba* gelang ihm der Überfall auf einen Konvoi von sieben nordwärts segelnden Schiffen. Eines davon konnte ihm zunächst entwischen, wurde dann aber gestellt. Diesem „Ausreißer" gegenüber zeigten sich die Piraten ungnädig, indem sie

„einige ritzten und peitschten und anderen die Finger mit Lunten verbrannten, um aus ihnen rauszupressen, wo ihr Geld versteckt war. Sie nahmen Passagieren und Sonstigen Beute im Wert von 1000 Pistolen ab. Dann ließen sie sie ziehen."

So weit in typisch nüchternem und knappem Zeitungsstil der „American Weekly Mercury" (Juni 1723). *Captain Johnsons* Version desselben Ereignisses geht so:

„... (Kapitän) Frazier, welcher Low zufällig missfiel, der deshalb befahl, den Männern glimmende Lunten zwischen die Finger zu flechten, welche ihnen das Fleisch von den Knochen brannten; dann schnitten sie sie an verschiedenen Stellen ihres Körpers ..., raubten ihnen alle ihre Nahrungsmittel und setzten einige von ihnen in einem unbewohnten Teil des Landes aus."

(Übersetzung: *Stingl*)

Johnson macht aus der „Lunten-Folter" eine Handlung aus rein sadistischer Wonne Lows, während der zeitnahe Zeitungsartikel (verfasst nach dem Bericht des Kapitäns von betroffenem Schiff) ein ganz anderes Motiv nennt; auch ist nicht davon die Rede, dass dem Schiff sämtliche Vorräte geraubt und einige Leute irgendwo ausgesetzt wurden. Im Gegenteil: Laut Zeitungsbericht machte die fette Beute die Piraten so gutgelaunt, dass sie vor den Gekaperten mit sämtlichen Erfolgen der letzten Zeit prahlten. Im Weiterverlauf ihrer Fahrt begegneten die Opfer *„denselben Piraten"* nochmals, welche ihnen diesmal nur *„gute Weiterreise"* wünschten.

Wurde beim Requirieren von Beute Schwierigkeiten gemacht, waren Piraten allgemein nicht zimperlich und scheuten sich nicht, Foltermethoden anzuwenden. Die meisten Opfer händigten darum auch bereitwilligst alles aus.

Während Kapitän und Offiziere einer Prise umgehend aufs Schiff des Siegers zur „Beschau" zitiert wurden, lief der Plündervorgang unter der Aufsicht des Quartiermeisters ab. Dieser begab sich an der Spitze einer sog. „boarding party" aufs gekaperte Schiff, um es gründlich auf den Kopf zu stellen. Eine Angelegenheit, in die sich Quartiermeister nicht reinreden ließen.

Captain Roberts beschreibt anlässlich seiner Kaperung dieses Prozedere vonseiten des Quartiermeisters Russel:

„.. und sofern ich nicht zutreffende und exakte Angaben mache und ihm (= Russel*) alles enthülle... würden sie meine Schaluppe, mit mir darin, in Brand setzen ... Ich darf das Geld nicht verbergen; denn wenn ich das täte, so sollte es mir schlecht ergehen ... Die anderen (Leute der boarding-party) erklärten mir in scheinbar freundlicher Weise, dass es für mich viel besser wäre, alles vollständig und wahrheitsgemäß anzugeben, insbesondere das Geld... es war nämlich ihre Angewohnheit, Lügner und Täuscher zu bestrafen... und das sehr streng... "*

Unkooperative Passagiere und Crewleute knöpfte sich also der Chef des Enterkommandos vor – deshalb bringt der „American-Weekly-Mercury"-Artikel auch nicht Kapitän Low persönlich mit der „Lunten-Folter" in Verbindung!

Besagte Lunten-Folter ist übrigens u.a. für *Captain Lowthers* Crew sowie bereits für die Bukaniere des 17. Jh. (!) nachweislich überliefert, also keine „sadistische Erfindung"

Lows! Dessen derzeitiger Quartiermeister Spriggs hatte ja ursprünglich zu Lowthers „Team" gehört und diese Foltermethode sich zweifellos dort abgeschaut.

Warum aber traf es bald darauf einen gewissen Captain Welland hart? Obwohl er seine Wertsachen bereitwillig rausrückte, wurde er auf Lows Schiff mit Entermessern traktiert, wobei ihm ein Ohr abgetrennt wurde!

Captain Johnson begründet diesen Akt unverhältnismäßiger Brutalität mit *„Lows unversöhnlicher Aversion gegen Leute aus Neu-England".* Captain Welland kam aus *Boston;* möglicherweise war er Low bekannt...

Nun strafte Ned nicht nur Neu-Engländer hart ab (wie der Fall des an den *Kapverden* nackt ausgesetzten Captain Scot aus London zeigt).[31] Piraten ließen sich gewaltsam gegen Kapitäne bzw. Offiziere aus, sobald beispielsweise einer oder mehrere aus ihrer Crew diesen Kapitän/Offizier persönlich oder auch nur vom Hörensagen kannten. Einen solchen Fall schildert *Captain Johnson* in der Biografie von *Edward England*: Dort ist die Rede von einem Captain, der nach Entlassung einiger Crewmitglieder diese fatalerweise auf einem Piratenschiff wiedertraf. Da wurde sofort Rache an ihm beschlossen.

Oder es kam vor, dass Piraten gekaperte Mannschaften ausfragten, ob sie von ihren Offizieren gut behandelt würden. Der Gouverneur von *Virginia* graulte sich, weil *„diese barbarischen Kerle angestachelt werden konnten, Nase und Ohren eines Kapitäns abzuschneiden, nur weil er seine eigenen Seeleute zurechtgewiesen hatte."*

Captain Johnson bringt ein eher heiteres Beispiel für solche „Qualitätskontrolle" in der Biografie von Captain Evans:

„Beim Entern des Schiffes begannen die Piraten, Selbstjustiz zu üben, indem sie gemäß der Sitte anderer Piraten

---

[31]Siehe Kapitel „*Captain Roberts'* Erlebnisbericht"

die Männer der Mannschaft ausfragten hinsichtlich der Behandlung durch ihren Kapitän. .... Und Evans fragte die Gefangenen: „Gibt euch euer Captain genug Verpflegung?" Als sie bejahten, sprach er: „Na also – dann soll er euch auch genug Arbeit geben!"

Da hatte dieser Kapitän also noch mal Glück gehabt! Wehe, wenn sich einer beschwerte – dann konnten sich Piraten, unter denen die meisten vormals üble Erfahrungen mit Autoritäten gemacht hatten, als Rächer aufspielen.

Selbst *Captain Roberts* war dem Grimm *John Russels* und seiner Parteigänger nur knapp entronnen, weil neben Low sich drei ehemalige Untergebene für ihn verwandten mit der Versicherung, er habe sie als Vorgesetzter immer fair behandelt! *Roberts* ist übrigens nicht der einzige belegte Fall dafür, dass einzelne Piraten Gefangene erfolgreich in Schutz nahmen und sich gegen Lynchjustiz wandten.

Was letztendlich zu dem brutalen Übergriff auf Captain Welland geführt hatte, läßt sich leider nicht mehr erhellen. Zur selben Zeit wurden übrigens mehrere gekaperte Kapitäne mit dem Entermesser gezeichnet, während andere ganz ohne Kratzer davonkamen.

Missliebige Autoritäten zu „markieren" beschränkte sich nicht auf Lows Crew. Das Abschneiden eines oder beider Ohren war darüber hinaus eine damals legale Strafe: So wurden etwa Mitglieder einer Geldfälscherbande (die auch noch aus hochkarätigen Verhältnissen stammten) um das Jahr 1714 auf diese Weise gezeichnet[32]. Auch die Marine wandte solche Bestrafung bei Ungehorsam an! Die Piraten bedienten sich somit derselben Strafmethoden wie die damaligen Autoritäten.

---

[32] vgl dazu beispielsweise: *K. Scott*: „Counterfeiting in Colonial America", 1957

Das Seegefecht

Lows massenhafte Kaperungen entlang der nordamerikanischen Küste hatten – wie nicht anders zu erwarten – die Kriegsmarine auf den Plan gerufen. Alarmiert war das Kriegsschiff HMS „Greyhound" aus dem Hafen von *New York* ausgelaufen. Schließlich stellte es die Übeltäter an der Küste von *Long Island*.

Low hatte seinerseits den stolzen Dreimaster als eventuell lockende Beute alsbald ausgemacht, und um diese näher zu inspizieren, heftete man sich frech an ihre Fersen – wie dazumal bei der „Mermaid", die sie dann fast zu packen gekriegt hätte.

Genau darauf hatte es die „Greyhound" angelegt, nachdem sie am 10. Juni 1723 früh morgens beide Schaluppen ins Visier gekriegt hatte; die Ereignisse aus der Sicht der Besatzung des Kriegsschiffes sind im „Boston News Letter" (Juni 1723) wie folgt nachzulesen:

„Um 5 Uhr (morgens) ... machten die Schaluppen Jagd auf uns; um halb 8 wendeten wir. Um 8 Uhr feuerten beide eine Kanone ab und hissten eine schwarze Flagge. Um halb neun holten sie diese bei Annäherung des Kriegsschiffes wieder ein und zogen eine blutrote Flagge auf, wobei sie in einer Entfernung von einer Dreiviertelmeile mit uns mithielten. Wir hissten das Hauptsegel... und empfingen ihr Feuer einige Male; aber... wir schossen mit Kugeln und Schrot zurück, woraufhin das Flaggschiff abdrehte, wie auch das andere bald darauf, und wir mit ihnen. Der Schusswechsel setzte sich über eine Stunde lang fort. Als sie sich aber mit Hilfe ihrer Ruder von uns absetzten, stellten wir das Schießen ein und verlegten uns aufs Rudern... und um halb drei nachmittags holten wir sie ein. Als sie gegen den Wind segelten, um uns zu empfangen, ...

setzten wir ihnen tüchtig zu... Während der Aktion drängten wir uns zwischen sie, ..."

Als das Hauptsegel des „Ranger" getroffen wird, muss dessen Kommandant *Charles Harris* aufgeben.

„...Captain Solgards Absicht war es, sich einer der Piratenschaluppen zu bemächtigen, wenn nicht beider; er nahm dieses (den „Ranger"), welches das Flaggschiff zu sein schien, doch es stellte sich anders heraus. ... Die beiden Piratenschaluppen, geführt von Low und Harris beabsichtigten, das Kriegsschiff zu entern; da dieses ihnen aber so heftig zusetzte, gaben sie den Mut auf und unternahmen alles, was sie konnten, um zu entkommen, obwohl sie sich selbst Verdammnis geschworen hatten, würden sie den Kampf aufgeben – selbst wenn sich das Schiff als ein Kriegsschiff entpuppte. ..."

Wie man in dem Zeitungsbericht verfolgen kann, zog sich das Gefecht zwischen der „Greyhound" und den Piraten mit Unterbrechungen den ganzen Tag hin. Das bestätigen übrigens auch die Aussagen der Besatzung eines anderen Schiffs, das an jenem 10. Juni in der Nähe des Geschehens unterwegs war:

„...Captain Morine, all seine Passagiere sowie Matrosen hörten Kanonendonner von 8.00 morgens bis 12.00 mittags." („American Weekly Mercury", 20. Juni 1723).

Es ist eine der eher seltenen offenen Auseinandersetzungen zwischen der Kriegsmarine und Piraten im sog. „Goldenen Zeitalter". Letztere waren Kriegsschiffen mit deren exzellenter Bewaffnung in der Regel deutlich unterlegen (sofern sie nicht selbst ein solches Kriegsschiff fuhren).

Interessant ist der Hinweis, dass die Piraten ihre schwarze Flagge im Verlauf des Gefechts sehr bald durch eine blutrote austauschten. Rot signalisierte in der Symbolik der Piratenfarben: Schluss mit lustig – kein Pardon, keine Gnade!

Kaum dass der Gegner als Kriegsmarine identifiziert war, zeigte man sich auf Lows Seite zum Äußersten bereit.

Laut Zeugenaussage sah Lows Taktik es vor, *„das Kriegsschiff zu attackieren, indem erst die großen Kanonen, dann eine Salve kleiner Waffen abgefeuert und daraufhin Pulverflaschen geworfen wurden, den Gegner dann von seiner Schaluppe aus zu entern, wobei die Crew des „Ranger" über die „Fortune" weg entern sollte."*

Ein tollkühner Plan, der einiges an Koordination erforderte, durch den starken Beschuss vonseiten der „Greyhound" jedoch bald vereitelt wurde – worauf Low folgerichtig den Rückzug anordnete. Schon zu dem Zeitpunkt dürfte sein Flaggschiff mitsamt Besatzung einiges abbekommen haben. Die anhaltende Flaute wurde den fliehenden Piraten allerdings zum Verhängnis. Und als sich die „Greyhound" zwischen „Ranger" und „Fortune" drängte, konnten sie sich auch nicht mehr verständigen, um ihre Kampfhandlungen zu koordinieren!

Am Ende dieses Tages war *Charles Harris* gefangen, Low jedoch einmal mehr entwischt. Dass er sich davongemacht und seinen Piraten-Bruder zurückgelassen hatte, brachte ihm vonseiten *Captain Johnsons* den Vorwurf niedriger Feigheit ein:

„Sein Verhalten während dieser ganzen Kampfhandlung enthüllte, dass er ein gemeiner feiger Schurke war..."

Dem lag die Aussage der Besatzung der „Greyhound" zugrunde, dass Harris' „Ranger" den Beschuss des Gegners viel wackerer beantwortet hatte als Lows Schiff (weshalb *Captain Solgard* dann auch den „Ranger" für das Flaggschiff hielt).

Allerdings wurde (ebenfalls im „Boston News Letter") ausgesagt:

„Hätten wir mehr Tageslicht gehabt, wäre Lows anderes Schiff auch geschnappt worden, da es ziemlich ramponiert war; man glaubt, er sei gefallen, mit dem Entermesser in der Hand, während er seine Leute anfeuerte, den Kampf fortzusetzen, und dass eine große Zahl mehr Männer dort getötet und verwundet wurde als in dem anderen Schiff, das wir fingen."

Und der „New England Courant" (Juni 1723) gibt wieder:

„Man vermutet, dass Low mehr abgekriegt hat in dem Gefecht, sowohl am Schiff als auch unter der Besatzung..."

Somit war Lows Schiff im Laufe des langen Schusswechsels mit der „Greyhound" ziemlich in Mitleidenschaft gezogen worden, während der „Ranger" sich noch besser wehren konnte – bis ihm dann der Hauptmast zerschossen wurde. In dem Falle gab es für Low keine Alternative zur Flucht. In übel zugerichtetem Zustand konnte er Harris nicht mehr raushauen, und wäre er trotzdem an Ort und Stelle geblieben, hätte es auch für ihn bedeutet: Kapitulation oder Kampf bis zum letzten Mann.

Offensichtlich war er (wenn zwar nicht getötet) unter den angeblich zahlreichen Verwundeten, so dass es an Bord Chaos gab. Eine solche Beobachtung ist nicht nur im „Boston News Letter" wiedergegeben (s.o.), sondern auch im „American Weekly Mercury" (Juni 1723):

„... Man sah, wie der Captain sein Schwert fallen ließ und aufs Deck niederfiel, zusammen mit mehreren anderen."

Ein Kapitän, der also nachweislich beim Anfeuern seiner Leute inmitten der Kampfaktivität verwundet zusammenbricht (wie nicht einmal der regierungsfreundliche „Boston News Letter" verschweigt), könnte nicht weiter von Feigheit entfernt sein!

Wäre Low regelrechte Feigheit anzulasten gewesen, hätte der Rest seiner Crew nicht gezögert, ihn baldmöglich seines Postens zu entheben. In der Satzung existierte ja ein diesbezüglicher Paragraph:

„Wer sich zum Zeitpunkt einer Kampfhandlung der Feigheit schuldig macht, soll die Strafe erleiden, die Kapitän und Mehrheit der Mannschaft verhängen!"

Natürlich war der Kapitän selbst von dieser Regelung nicht ausgenommen! In puncto Feigheit reagierten Piratencrews allergisch; schon der kleinste Verdacht auf Feigheit konnte ausreichen, einem Kapitän zu kündigen – wie es *Captain Vane* passierte, weil der ein gut bewaffnetes Schiff nicht angreifen wollte.

Trotz ihrer davongetragenen Schäden gelang der Schaluppe „Fortune" die Flucht, weil die Sieger sich nun erstmal um die gefangene Besatzung des „Ranger" kümmern mussten und dadurch Lows Crew genug Vorsprung erhielt. Sie segelten nach Nordwest davon, also Richtung Küste – um dort natürlich, an einem geschützten Platz, ihre Verwundeten zu versorgen und Schäden notdürftig zu reparieren.

Charles Harris selbst muss die Flucht seines Commodore als Verrat aufgefasst haben. Er erklärte sich nämlich umgehend dazu bereit, der Kriegsmarine zu verraten, welchen Kurs Low einzuschlagen geplant hatte, und *Captain Solgard* als Scout zu dienen. Auch enthüllte er, dass ein Zusammentreffen mit einem dritten Compagnon (*George Lowther*, der ja auch nordwärts segelte?) geplant war. Für diese Informationen stand im Erfolgsfall sicher Strafminderung oder Begnadigung in Aussicht – dennoch entsprach Harris' Verhalten nicht dem piratischen Ehrenkodex.

Laut Marinebericht hatten sich Low und Harris vor dem Gefecht bei eigener Verdammnis geschworen, den Kampf nicht

aufzugeben (selbst wenn der Gegner überlegen war). In Harris'
Augen hatte Low diesen Schwur gebrochen. Nun sah er sich
seinerseits berechtigt, seinen Commodore ans Messer zu
liefern.

Da Low und seine Schaluppe „Fortune" dem Zugriff
entschwunden blieben, bestand für Harris keine Aussicht, dem
drohenden Urteilsspruch zu entgehen. Der Prozess gegen die
Piraten fand genau einen Monat nach dem fatalen Seegefecht,
also am 10. Juli 1723 in *Newport* statt. Gegen Harris und 25
seiner Mitstreiter wurde erwartungsgemäß die Todesstrafe
verhängt.

Unter den wenigen Freigesprochenen befand sich
Schiffsarzt *John Kencate*, der ja seinerzeit in Lows Crew
gepresst worden war. Er machte die Öffentlichkeit mit Lows
Piratensatzung bekannt.

Aus den Akten des Prozessablaufs[33] wird deutlich, dass sich
das Gericht Zeit nahm, jeden einzelnen Fall eingehend zu
prüfen – besonders die einstmals zwangsrekrutierten
Crewmitglieder, wie eben *Kencate*. Wurden einzelne Seeleute
auf ein Piratenschiff verschleppt, sorgten ihre heimkehrenden
Kameraden meist dafür, dass in der Presse eine Anzeige
aufgesetzt wurde mit einer Namensliste der Betroffenen –
damit bei etwaigen gerichtlichen Verfahren ein Nachweis
bestand, dass sie nicht freiwillig zu den Piraten übergelaufen
waren. Das Problem war nur, dass manch zwangsrekrutierter
Matrose oder Offizier nachmals zu einem durchaus aktiven
Piraten wurde – wie z. B. der ehemalige Maat *Charles Harris*.
Dieser gab denn auch an, einstmals von *George Lowther*
gepresst worden zu sein; das nützte ihm allerdings nichts, da er

---

[33]Die Prozessprotokolle sind im Kapitel „Charles Harris" bei *Dow/Edmonds*
enthalten

recht bald zu den führenden Köpfen der Piratenbande gehört hatte.

Hinsichtlich *John Kencate* bezeugten die Mitgefangenen fair, dass er sich weder an Kampfhandlungen noch an der Beute beteiligt hatte, sondern einzig seinen ärztlichen Pflichten nachgegangen war. Daher sein Freispruch.

Die bislang größte Piratenexekution an der nordamerikanischen Küste lockte eine Woche später, am 19. Juli, Scharen von Schaulustigen an:

„Ihre schwarze Flagge mit dem Porträt des Todes, ein Stundenglas in der einen Hand und einen Pfeil in der anderen, an dessen Ende sich die Form eines Herzens befand mit drei herabfallenden Blutstropfen, war an einer Ecke des Galgens befestigt.“, beschreibt der „New England Courant". Dank dieser Notiz weiß man, wie der Jolly Roger von Lows Crew gestaltet war. Unter dem „Porträt des Todes" ist natürlich ein Skelett zu verstehen, gängiges Symbol der Piraten. Das Stundenglas symbolisiert wiederum die Vergänglichkeit, das von einem Pfeil getroffene Herz Tod durch Waffengewalt. Hierin kam auch die Furchtlosigkeit der Piraten vor dem eigenen Ableben zum Ausdruck. Sie waren sich dessen gewahr, dass es sie jederzeit selbst erwischen konnte: *„Sie würden unter dem Old Roger leben und sterben."*

Captain Solgard kehrte mit der „Greyhound" nach New York zurück, wo er von den dortigen Kaufleuten für seinen Erfolg geehrt wurde. Die Schaluppe „Ranger" hatte er mitgeführt. Aber

„ein schwerer Sturm erhob sich am 29. Juli, in dessen Verlauf das Piratenschiff, gerade vor Anker in New York, seinen Mast verlor; danach wurde es aufs offene Meer getrieben und ging verloren."

(„New England Courant", 12. August 1723)

Der Rächer

Trotz Niederlage und massiver Verluste machte Lows Crew, den Zeitungsmeldungen zufolge, bereits wenige Tage nach dem Seegefecht wieder von sich reden. So meldet der „Boston News Letter" vom 20. Juni 1723:

„…*durch einen Brief aus Nantucket werden wir informiert, dass Captain Low am 12. Juni in einer mit 12 Kanonen ausgestatteten Schaluppe sowie mit über 100 Mann, sehr gut ausgerüstet, eine zu dieser Insel (Nantucket) gehörige Schaluppe gekapert und deren Kapitän Nathan Skiff auf barbarische Weise umgebracht hat; zwei Indianer wurden rekrutiert, und den Rest der Männer sandten sie in ihren Walbooten ohne jegliche Verpflegung als Wasser zur Küste."*

Das wäre gerade mal zwei Tage nach der Niederlage gegen HMS „Greyhound"! Und offensichtlich muss sich Low da schon ein neues Schiff besorgt haben (die „Fortune" war ja ziemlich sturmreif geschossen). Was noch erstaunlicher ist: Wie hat Low sozusagen über Nacht seine Crew ums Doppelte vergrößert? Gut die Hälfte der insgesamt ca. 110 Mann starken alten Mannschaft war ja gefallen bzw. in Gefangenschaft geraten. Hatte er sich zwischenzeitlich mit *George Lowther* vereinigt (wie vorgesehen)? Von dem wurden aber Mitte Juni Kaperungen bereits weit oben im Norden, nämlich bei *Neufundland* gemeldet.

Ein Schlüssel zur Lösung könnte das nahe *Block Island* sein. Ein Jahr zuvor hatte Low bereits an dieser Insel Station gemacht; diesmal hatte er, den Aussagen seiner gefangenen Crewmitglieder zufolge, damit geprahlt, seine Standarte auf *Block Island* aufzupflanzen. Meldungen der „Greyhound"-Besatzung zufolge soll Low nach der Niederlage geradewegs Kurs genommen haben auf *Block Island*. Diese Insel war bekanntermaßen schon seit Jahrzehnten ein „Stützpunkt" von Piraten und ihren Kollaborateuren, und gewisse alte Netzwerke wurden sicher weiter genutzt. Der Spitzname „Ganoven-Insel"[34] kam nicht von ungefähr...

Daselbst könnten sich „Rekruten" gesammelt haben, die auf Lows Raubzug entlang den nordamerikanischen Gestaden – durch Meldungen von See- oder sonstigen Verbindungsleuten - bereits vorbereitet waren und nun auf seine Ankunft lauerten. Unzufriedene gab es genug; neben schlechtbezahlten Matrosen etwa entlaufene Bedienstete oder Sklaven. Lows Kampagne in diesen Gegenden ein Jahr zuvor hatte offensichtlich einigen Eindruck hinterlassen. Die Piraten ihrerseits waren geschickt darin, Nachrichten von ihrem Treiben zu verbreiten und ihre „Netzwerke" informiert zu halten. Anders lässt sich nicht erklären, wie Ned Low seine Crew derart rasch wieder aufgestockt hat.

Wie auch immer: Nach Schilderung der desaströsen Seeschlacht reiht *Captain Johnson*, der den Leser zuvor schon auf Lows sadistisches Wesen vorbereitet hat, eine barbarische Aktion Lows an die nächste, schildert ihn wie vom Racherausch befallen:

„*... Einige Tage später nahm Low vor Block Island (!) ein Fischerboot,... indem er sich zufriedengab, dem Kapitän den Kopf abzuschneiden. Aber nachdem er nahe Rhode Island zwei Walfangboote genommen hatte, ließ er einem der beiden Kapitäne den Leib aufschlitzen und die Eingeweide herausnehmen; dem anderen schnitt er die Ohren ab und zwang ihn, sie mit Salz und Pfeffer selbst aufzuessen.* (Übersetzung: *Stingl*)

---

[34]Bei *D. Palmer Geanacopoulos*, The Pirate next door

Jene grotesk anmutenden grässlichen Details stammen aus folgendem Artikel des „Boston News Letter" (vom 27. Juni 1723):

„… *Ein Schiff traf hier ein mit der Nachricht, dass die Piraten zwei Plymouth-Schiffe[35] gekapert und die Kapitäne äußerst barbarisch getötet hatten – indem sie den einen bei lebendigem Leibe aufschlitzten, sein Herz herausnahmen, es rösteten und den Maat zwangen, es zu essen; den anderen schlugen und prügelten sie herum, schnitten ihm dann die Ohren ab, rösteten sie und zwangen ihn diese zu essen; er starb später an seinen Wunden."*

Auch das muss sich wenige Tage nach dem Seegefecht abgespielt haben. Laut einiger Zeitungen soll Low bzw. „die Piraten" einen Schwur geleistet haben, künftig jeden gefangenen Kapitän zu liquidieren. So etwas gehörte allerdings zur üblichen „Schreckenspropaganda" – denn bald trafen kaum mehr Meldungen von gemeuchelten Kapitänen ein.

Ein gewisser Captain Pitman durfte sich sogar als besonderes Glückskind bezeichnen. Der „Post-Boy" (Juli 1723) berichtet, dass Pitman, nachdem er von Lows Piraten zuvor geplündert, aber unbehelligt entlassen worden war,

„eines unserer Kriegsschiffe (nämlich die „Greyhound") *traf… dem er Bericht erstattete, welchen Kurs die Piraten nahmen…"*

und nach der Niederlage gegen die „Greyhound" begegnete Lows Schaluppe

„zufällig Captain Pitman wieder; man behandelte ihn dann schlechter als beim ersten Mal, drohte ihn zu töten, weil er unserem Kriegsschiff den Standort der Piraten bekanntgegeben hatte; aber indem er sich ehrlich verteidigte, kam er davon, und bewahrte sein Schiff."

---

[35] Walboote aus *Plymouth/Massachusetts*

Man staune: Eben dieser Kapitän Pitman hatte der „Greyhound" Lows Kurs beschrieben und somit Anteil am Desaster – und ausgerechnet ihm passierte nichts! Offenbar hatte er bei Low und Co. einen „ganz dicken Stein im Brett"...

Es gibt einen signifikanten Unterschied zwischen jenen Pressemeldungen und *Captain Johnsons* Darstellung: Dieser lässt Low die Grausamkeiten persönlich ausführen, während es in den Zeitungen „die Piraten" allgemein tun. Natürlich wollte Johnson auf diese Weise Lows „blutrünstige Raserei" sensationswirksam in den Fokus rücken!

Eines dürfte außer Zweifel stehen: Die Überreste von Lows Crew nahmen gnadenlos Rache für die Niederlage, Gefangennahme und Exekution ihrer 26 Piraten-Brüder. Diese Vergeltung traf natürlich vor allem Kapitäne und höhere Offiziere (als Vertreter der verhassten Autoritäten).

Piratenrache war gefürchtet und ist auch von anderen Crews überliefert; Piraten tauften ihre Schiffe gerne „Revenge".

Was die hier beschriebenen Barbareien anbetraf, so ähnelten diese den Strafen der Bukaniere. Auch diese trennten gern Ohren und Nasen ab (etwa für Verrat). Der berüchtigte *Francois L'Ollonais* soll im 17. Jh. (angeblich) Gefangene mit ähnlichen Methoden gefoltert haben, wie sie die Presse von Lows Piraten schildert: Indem er Köpfe abtrennte, Eingeweide rausriss und sie selbst aß oder andere zwang, sie zu verspeisen.

Ned Lows Ruf als sadistisches Monster – er ist nach dem 10. Juni 1723 entstanden und im Laufe der Zeit, vor allem aber durch *Captain Johnsons* verzerrte Darstellung immer weiter ausgestaltet worden. Natürlich sog Johnson all das auf, was an Nachrichten in London anlangte – etwa den Bericht des *New Yorker* Gouverneurs an die Regierung, der die *„bemerkenswerte Grausamkeit"* von Lows Crew anprangerte. War das angesichts der jüngsten Ereignisse noch sachlich, so ging ein New Yorker Geschäftsmann in einem Brief an die Londoner Presse noch weiter mit der Behauptung, *„der Käpt'n der Piraten"* hätte sämtliche Crews gekaperter Schiffe meucheln lassen, wenn ihn seine eigenen Leute nicht daran gehindert hätten![36]

Was *Captain Johnson* brühwarm auftischen musste: *„ ... Einige andere hätte Low wohl ermorden lassen, doch gewann in den guten Herzen seiner Kumpane die Menschlichkeit die Oberhand, und sie weigerten sich, seine blutrünstigen Befehle auszuführen."* (Übers: *Stingl*)

Eine ganze Crew war durch Lows Piraten nur einmal ausgelöscht worden – nämlich die Spanier im Golf von *Honduras.* Trugen die New Yorker Korrespondenten hier dicker auf, weil sie meinten, Spanier sowie ein paar abgeschlachtete Walbootkapitäne würden in London zu wenig Eindruck machen?

New York hatte in jenen Wochen nach *Captain Solgards* Seesieg eine wahre Anti-Low-Kampagne gestartet: Da wurde geschrieben, Low hätte *„sämtliche Schiffe im Golf von Honduras verbrannt"* (was definitiv nicht der Fall war) oder er würde sein Unwesen bereits *„über zwei Jahre"* treiben[37] (wobei es doch erst 1 ½ waren). Gewiss – Low hatte in den Monaten zuvor so einige New Yorker Schiffe erleichtert (wie z.B. die Schnau „Unity"); aber die Erregung der New Yorker könnte von etwas anderem noch mehr angefacht worden sein: Kurz vor dem Seegefecht soll Low nämlich laut Meldungen mit seinen beiden Schiffen *„nach New York sowie ins benachbarte Perth Amboy reingeschaut haben."* („Annals of Philadelphia"). Bedeutete „reingeschaut", dass er sich in Sichtweite von Hafen und Stadt mit seinen beiden Schaluppen präsentiert hatte (zum

---

[36]„British Gazetteer" August 1723
[37]Der Bürgermeister von *New York* bei der Ehrung von *Captain Solgard*

Auskundschaften der Lage, ähnlich wie in *St. John's*[38]), oder war er gar in den Hafen reingefahren (wie in *Grenada*)? Beides wäre eine unerhörte Dreistigkeit, die zweifellos für richtig Wirbel gesorgt hatte – und Low dürfte sich dieses getraut haben, weil er wusste, dass *New Yorks* Beschützer, HMS „Greyhound", gerade abwesend war. Eine Dreistigkeit, die für Low & Company allerdings schlimme Konsequenzen hatte, da sie kurz darauf auf die „Greyhound" trafen...

New Yorks Hetzkampagne lieferte *Captain Johnson* jedenfalls guten Stoff; merkwürdigerweise zitiert er aber nicht jene Schauergeschichte, mit der wenige Wochen später ein Händler aus dem Hafenstädtchen *Canso* (*Neu-Schottland*) per Brief den „Boston News Letter" versorgte:

Nachdem Lows Gang gerade ein französisches Schiff um Wein und Brandy erleichtert hatte, *„bat einer der französischen Kommandeure Low lediglich, ihm eine „Quittung" auszustellen dafür, dass er einige Fässer seines Weines und Brandys mitgenommen hätte, damit sein Arbeitgeber nicht auf den Verdacht kam, er selbst hätte sie unehrlich verschachert. Daraufhin sagte ihm Low, er würde ihm eine geben und holte zwei Pistolen raus – die eine auf die Eingeweide gerichtet, sprach er zu dem Kapitän, das wäre für seinen Wein, und drückte ab; und das, sprach er, wobei er die andere Pistole in derselben Weise an dessen Kopf setzte, ist für den Brandy, und drückte ebenfalls ab."*

Dass Piraten Kapitänen gekaperter Schiffe auf deren Bitte hin regelrechte Quittungen ausstellten für gekaperte Ladungen, damit der Kapitän einen Nachweis des Diebstahls hatte, kam tatsächlich vor. So einen Fall schildert *Captain Johnson* – er trug sich jedoch weniger blutrünstig zu.

---

[38]Siehe „Rose und Fancy auf Beutezug"

Hier wurde also ein französischer Kapitän mit zwei Schuss hingerichtet, die beide für sich tödlich gewesen wären! Man fragt sich: Wieso tobte Low seine Rache an den Franzosen aus, die ja an seiner Niederlage völlig unbeteiligt waren? Weil er eben ein Sadist war?...

Womöglich kam selbst *Captain Johnson* diese Story allzu bizarr vor, so dass er sie nicht in seinen Gräuel-Katalog aufnahm!

Nach diesem Bericht in einer der Septemberausgaben des „Boston News Letter" sind übrigens keine Gewaltexzesse Lows mehr gemeldet. Die meisten Gräueltaten waren, wie gesagt, unmittelbar nach der Seeschlacht verübt worden. Was nun, wenn Low da gar nicht persönlich zugegen war - eben wegen seiner beim Gefecht davongetragenen Blessuren? Man bedenke: Die „Fortune" hatte ja (da *John Kencate* sich unter den Gefangenen des „Ranger" befand) keinen Arzt an Bord, so dass es nur eine notdürftige medizinische Versorgung sämtlicher Verwundeter gab!

Einigen Pressemeldungen jener Wochen zufolge galt Low sogar zunächst als tot! In seiner ersten Edition gab *Captain Johnson* demzufolge an, dass Ned auf dem Weg nach *Neufundland* im Sommer 1723 erkrankt und gestorben wäre. Außerdem sagte ein Kapitän in jenem Zeitraum irritiert aus, er wäre Lows Leuten begegnet, die aber von einem größeren Mann kommandiert wurden, so dass der Zeuge folglich davon ausging, Low selbst, der ja *„ein kleiner Mann war"*, wäre tot. Ned Lows kleine Statur war auffällig.

Wer aber war dann *„der größere Mann"*, der Low vertrat, solange er indisponiert war? Sehr wahrscheinlich sein Quartiermeister *Francis Spriggs*, der sich auf der „Fortune" befunden hatte! In der Tat bestätigt die Londoner „Saturday's

Post" (Juni 1724), dass Spriggs „*ein großer Mann war*". Hatte also Spriggs die Gewaltexzesse zu verantworten?

Spriggs war nachweislich ein äußerst gewalttätiger Mann. „*Wahnsinn*" und „*Irrsinniger*" - mit solchen Vokabeln beschrieb *Philip Ashton* den Quartiermeister. Viele nachmalige Kaperopfer berichteten von schweren Misshandlungen auf Spriggs' Schiff.[39]

Möglicherweise war es somit Spriggs, der dem französischen Kapitän Misshandlungen als „Quittung" verpasst hatte...

---

[39]Siehe Kapitel „Piratendämmerung"

Der Admiral

Immer wieder kursierten in den Wochen nach Lows Niederlage gegen die „Greyhound" Meldungen, der gefürchtete Pirat wäre gefasst oder bei weiteren Gefechten mit jenen Kriegsschiffen getötet worden. Man war ja bereits nach der ersten Auseinandersetzung am 10. Juni davon ausgegangen, dass Low entweder verletzt oder umgekommen war. Trotz Verwundung war er aber wohl in der Lage, sozusagen vom Krankenbett aus die notwendigen Dispositionen zu treffen, so dass die Piraten innerhalb weniger Wochen recht ergiebig entlang der Küste von *Neuschottland* plünderten bis hinauf nach *Neufundland*. Obwohl sich auch *Captain Solgard* mit HMS „Greyhound" sowie einem weiteren Kriegsschiff als Verstärkung auf seine Fährte geheftet hatte, sollte ihm ein zweites Treffen mit Low nicht glücken.

Man darf nicht vergessen, dass außer Lows Bande noch andere (weniger prominente) Piratengangs gleichzeitig jene Regionen unsicher machten; auch *George Lowther* war gerade in den Breiten unterwegs. Die Piratenjagd war somit für *Captain Solgard* und seine Mitstreiter ziemlich unübersichtlich.

Dennoch ist die gehäufte Anzahl haarsträubender Falschmeldungen hinsichtlich Lows Schicksal erstaunlich. Es ist nicht auszuschließen, dass die Piraten selbst sowie ihre Verbündeten längs der Küste solche „Fake-News" gezielt ausstreuten, um die Häscher zu verwirren. Denn offenbar besaß Low einen respektablen Rückhalt (wie ja die umgehende Verstärkung seiner Crew nach der Niederlage gezeigt hatte).

Zudem hatte Low in den Wochen nach dem fatalen Seegefecht mehrmals seine Schiffe gewechselt und bald wieder eine Kleinflotte aufgebaut. Ein größeres Schiff hatte er nachweislich in Beschlag genommen, als er *„beträchtliche Kaperungen machte, hauptsächlich bei den Franzosen, denen er 23 Schiffe in einem Kampf wegnahm nahe der Isle Royale".*

Die *Ile Royale* oder *Cape Breton* war französisches Hoheitsgebiet; ihre imposante Festung *Louisbourg* hatte sich jüngst gegen Piratenattacken gewappnet.[40] Das hatte Low & Company nicht abhalten können, offenbar einen der anderen weniger geschützten Häfen auszuheben; wahrscheinlich auf ähnliche Weise, wie er es in *Port Roseway* durchgeführt hatte (diesmal mit einer Beute von über 20 Fischerbooten und größeren Schiffen). Die französischen „Kabeljau-Flotten" boten den Piraten zwar keine Reichtümer, aber zumindest Schiffsequipment und Nahrung.

Wenige Wochen später war Low schon wieder „umgezogen", nämlich auf die „Merry Christmas" - ein großes Schiff, adäquat für die bevorstehende Reise von *Neufundland* ostwärts. Das „London Journal" stöhnt: *„Niemals waren die Piraten zahlreicher als im Moment... und man schätzt, dass mehr Seeleute als jemals zuvor in dieser Weise engagiert sind!"* (August 1723),

und in einer späteren Ausgabe: *„Die Versicherung von Schiffen wurde beträchtlich erhöht wegen der in letzter Zeit begangenen zahlreichen Piraterien."* Na, wenn das nicht die Versicherer freute...

London musste also reagieren: *„... Da besagte (geschädigte) Kaufleute darum ersucht haben, dass eines der Schiffe Ihrer Majestät auf Fahndung nach diesen Piraten geschickt werden solle, ... sollen Sie* (gemeint ist der Kommandeur des beauftragten Kriegsschiffs) *Ihre äußerste Anstrengung unternehmen, um all solche Piratenschiffe oder Boote, die Sie*

---

[40]Siehe Kapitel „Rose und Fancy auf Beutezug"

eventuell erspähen, zu stellen und zu schnappen, zu versenken oder sonstwie zu zerstören, und solche Piraten, die Sie zufällig ergreifen sollten, sind nach England zu bringen..." So lautet eine Order der Admiralität, wobei einen erstaunt: Es fehlt die ausdrückliche Anordnung, den Kopf der dreisten Bande Low unter Angabe einer Belohnung zu bringen! Für Nicholas Brown, einen in der Karibik operierenden brutalen Piraten, wurde um etwa dieselbe Zeit ein stolzes Kopfgeld von 500 britischen Pfund ausgelobt! Ein karibischer Gouverneur fühlte sich folglich verpflichtet, London in puncto Low um mehr Engagement zu drängen.[41]

Als Low seine Kaperfahrt mit der „Merry Christmas" fortsetzte, hatte er sich übrigens wieder einen Schiffsarzt geangelt (auf dieselbe Weise wie seinerzeit *John Kencate)*: Die Mannschaft der „Merry Christmas" war, wie gehabt, auf sein nun nicht mehr benötigtes Vorgängerschiff „umgetütet" worden, um ihre Reise fortzusetzen. Laut einem Zeitungsbericht wurden den Gekaperten einige seinerzeit zwangsrekrutierte Männer mitgegeben. Möglicherweise waren sie (durch in dem Seegefecht erlittene Verletzungen?) nicht mehr voll einsatzfähig, so dass Ned sie in die Freiheit entließ.

Nunmehr disponierte Low über 34 Kanonen! Nicht schwer zu erraten, warum. Er wollte im Falle einer neuerlichen Begegnung mit der Kriegsmarine nicht noch einmal so schmählich zusammengeschossen werden, sondern entsprechend „Zähne zeigen".

Auf der „Merry Christmas" hisste er angeblich auch seine neue „Schreckensfahne" – das rote Skelett auf schwarzem Grund! Und er titulierte sich fortan nicht mehr als Commodore, sondern als Admiral! Gab es im Goldenen Zeitalter je einen Piraten, der sich solches angemaßt hatte? *Captain Barty*

---

[41]Siehe Kapitel „Piratendämmerung"

Roberts hatte sich wenige Jahre zuvor immerhin „Admiral der Leeward Inseln" nennen lassen![42]

Mit repräsentativem Schiff, neuer Flagge und Admiralstitel läutete Low also nun eine noch heißere Phase seiner Piratenlaufbahn ein. All das war ganz klare Provokation sämtlicher Autoritäten rings um den Atlantik, die ihre Wirkung schwerlich verfehlte!

Ob und wie weit er noch mal Seite an Seite mit seinem einstigen Lehrer *George Lowther* segelte, ist nicht ganz klar. Letzterer befand sich allerdings Mitte September bereits wieder in der Karibik, während Low da noch auf der anderen Seite des Atlantiks räuberte.

Vertrauend auf seine Abschreckungspropaganda (symbolisiert durch die rot-schwarze Flagge) schien Ned jedenfalls zu seinem Grundsatz zurückgekehrt zu sein, Landsleute ungeschoren zu lassen, sofern sie sich umgehend ergaben oder ihm nicht anderweitig suspekt waren. In London traf zu jener Zeit der Kapitän eines Handelsschiffes ein, der offenbar in die Kategorie jener gehört hatte, die Low „*wegen ihrer Schurkenhaftigkeit züchtigen wollte*": Man hatte ihm nämlich beide Ohren abgeschnitten und ihn obendrein gezwungen, diese frittiert zu verspeisen!

Andere wiederum kamen völlig ungeschoren davon. So schilderte ein Schiff dem „Boston News Letter" seine seltsame Begegnung mit einer 150 Mann starken Piraten-Schaluppe, „*die ihnen lediglich einige Fragen stellte ... und sie ohne Belästigung ziehen ließ.*" Die Meldung enthüllt zudem, dass sich Lows Gefolge abermals bedeutend vergrößert hatte. Die Zeugen sprachen von zahlreichen *West Country*-Männern unter

---

[42] Für Admiralstitel und Flagge bildet allerdings *Captain Johnson* die einzige Quelle!

den Piraten, also Männern aus Westengland und vielleicht auch Irland.

Kaum verwunderlich, wenn man liest, was *Captain Johnson* zu den Arbeitsbedingungen der Fischer an *Neufundlands* Küsten anmerkt:

„*Die West Country Fischerboote brachten jährlich eine beträchtliche Anzahl von armen Jungs (nach Neufundland) rüber, gering entlohnt; durch ihre Verträge mussten sie* (auch noch!) *für die Heimfahrt zahlen. Fischen, den Fang zerlegen und trocknen war harte Arbeit...*" Solch harter Alltag ließ sich nur mit Hochprozentigem ertragen, und waren welche mit dem Gesetz in Konflikt geraten, *zwang sie das, Sklavenbedingungen zu akzeptieren, die sie während des Winters (auf Neufundland) festhielten. Ihre Vorgesetzten sorgten dafür, dass Essen und Kleidung, die man diesen bedürftigen Männern zur Verfügung stellte, zu hohen Preisen angeboten wurden, so dass diese Männer sich bald zu einer weiteren Saison Arbeit genötigt fanden.*"

Ausbeutung vom Feinsten! Kein Wunder, dass da die Piraterie nur so gedieh! Wie harmlos dagegen, was *Captain Johnson* nun wieder Low in die Schuhe zu schieben versucht:

„*Als Captain Graves, Eigner eines Virginia-Schiffs, an Bord des Piraten Low kam, nahm Low eine Punschbowle in seine Hand und trank ihm zu, wobei er sagte: Captain Graves, die Hälfte hiervon ist für Sie. Aber der arme Gentleman, der zu arg mitgenommen war angesichts des Unheils, in Lows Hände zu fallen, entschuldigte sich in aller Bescheidenheit, er könne nicht trinken; Low zog daraufhin eine Pistole, zückte sie und sagte, mit der Bowle in der anderen Hand, er solle entweder das eine oder das andere nehmen. Also wählte Graves ohne zu zögern das Punschbehältnis aus und schüttete ein Viertel die Kehle runter...*"

Nach einem Bericht des „London Journal" (August 1723) war eben dieser Captain Graves aus Virginia allerdings von *Captain Lowther* gekapert worden, der eine ähnliche Pistolenshow vor ihm abgezogen haben soll. Tja, wer hat denn nun recht?...

Als Ned nun wieder seine altbewährte Runde drehte, über *Azoren* und *Kanaren* bis zu den *Kapverden*, sah sein Auftritt dreister aus als im Vorjahr. Laut dem britischen „Weekly Journal" (September 1723) *„setzen die Piraten (den Azoren) ziemlich zu und besitzen die Unverfrorenheit, ihre Boote nachts auszusenden und die Handelsschiffe abzuschleppen, die in ihren Häfen liegen."* Low war dreiste Coups mittlerweile gewöhnt. Da er es tagsüber nicht wagen konnte, die von Festungen gut bewachten Azorenhäfen heimzusuchen, verlegte er das auf die Nacht. Er hatte zu jenem Zeitpunkt nachweislich mehrere Schiffe unter seinem Kommando, mit denen er effektiv räubern konnte!

Captain Johnson liefert wieder zusätzliche blutrünstige Details: Da werden katholische Mönche unter den Passagieren misshandelt, indem man sie an der Takelage hochzieht; Portugiesen werden gehängt oder verprügelt. Und bei so einer Gewaltorgie

„verfehlte einer der Spitzbuben, als er einem Gefangenen Schnitte verpassen wollte, sein Ziel, und Captain Low, der im Weg stand, kriegte den Hieb an seinem Unterkiefer ab, was die Zähne bloß legte."

Natürlich kann Low einen derartigen Unfall gehabt haben – wieso aber sollte er so dämlich gewesen sein, derart „im Weg zu stehen", dass er selbst das Entermesser voll abkriegte? Womöglich wollte sich Low den Misshandlungen von Gekaperten in den Weg stellen, dem Wüten seiner Leute Einhalt gebieten, wobei er selbst was abbekam...

Auf einem portugiesischen Schiff mit Kurs nach *Madeira* schickte er übrigens weitere zwangsrekrutierte Mitglieder heim. Auch hier kann es sein, dass sich Low von Verletzten und Kranken trennte (die nicht die Satzung unterzeichnet hatten).

Die Kapverdeninsel *Boa Vista* wurde, wie bereits im Jahr zuvor, als Aufenthalt zum Kielholen auserkoren. Das hatte auch HMS „Diamond" spitz und sich an seine Fersen geheftet, um ihn in seinem Lieblingsschlupfwinkel aufzustöbern. Obwohl Low mit der „Merry Christmas" und ihren 34 Kanonen durchaus hätte Paroli bieten können, zog er es vor, einer Konfrontation möglichst auszuweichen, was ihm auch glückte. Seine Crew war mittlerweile nämlich erheblich zusammengeschrumpft.

Kielholen und Ruhepausen an Land waren für Piraten stets ein riskantes Unterfangen, da sie hierbei von Häschern leicht überrascht werden konnten. Low ließ es offenbar nie an der gebotenen Wachsamkeit mangeln. *George Roberts* beschreibt die Gewissenhaftigkeit, mit der er, als sie ein Jahr zuvor bei den *Kapverden* vor Anker lagen, vor der Nachtruhe an Bord seine Instruktionen gab:

„Ich hörte ihn die notwendigen Instruktionen für die Nacht erteilen, die da lauteten, sie sollten mit ihrem Kopf nach Nordwest liegen…, das Toplicht beachten, und die Nachtwache solle sicher sein, dass sie alles gut im Blick behalte; man solle ihn rufen, sofern sie irgendetwas bemerkten oder die anderen Schiffe irgendwelche Signale gaben."

Solche Umsicht war geboten, wenn man keine bösen Überraschungen erleben wollte. Selbst während der obligatorischen Trinkgelage schien Low immer dafür gesorgt zu haben, dass sie nicht unbewacht waren. Es gelang ihm daher, der „Diamond" und sonstigen Häschern stets einen Sprung voraus zu sein.

Während des Kapverdenaufenthalts glückte es einigen zwangsrekrutierten Crewleuten, den Piraten zu entschlüpfen. Einer darunter traf kurioserweise auf einer der Inseln den vor einem Jahr dorthin verschlagenen *Captain Roberts*! Jener und Low hätten sich somit wiederbegegnen können, und es ist nicht ausgeschlossen, dass Low von Einheimischen über *Roberts'* Schicksal unterrichtet wurde.

Vor der Küste von *Guinea* kam es wieder zu einigen erfolgreichen Kaperungen. Ein einstiges Kriegsschiff mit dem hübschen Namen „Delight" wurde für passend befunden, die Piratenflotte zu vergrößern. Ihr Kommando erhielt *Francis Spriggs*, der ja bereits früher ein Schiff in Lows Flotte befehligt hatte.

„Spriggs war dazumal Lows Quartiermeister und ging mit 18 Mann an Bord..." Kurz darauf aber *„wurde ein Mann auf Lows Schiff kaltblütig ermordet; da das ihrer Satzung zuwiderlief, bestand Spriggs darauf, dass der Mörder hängen sollte. Da aber Low sich dem entgegenstellte, machte sich Spriggs davon."* („British Journal", August 1724, nach den Angaben eines Kaperopfers)

In der Tat befasst sich in Lows Satzung ein Paragraph mit Streit und Gewalttätigkeiten innerhalb der Mannschaft an Bord:

„Wer für schuldig befunden wird, an Bord des Freibeuters oder einer von uns eingenommenen Prise eine unzulässige Waffe erhoben zu haben, um einen anderen zu schlagen oder ihm wehzutun, soll die Strafe erleiden, die Kapitän und Mehrheit für angemessen halten."

Da nun die Strafen in dieser Satzung nicht genau definiert waren, oblag es der Generalversammlung im Falle eines

Deliktes, eine entsprechende Strafe festzusetzen. So geschah es wohl auch hier. Low und Spriggs konnten in dieser Angelegenheit daher nicht allein verfügen, sondern lediglich ihre Ansicht vertreten. Dann wurde abgestimmt. Der Angeklagte entging der von Spriggs geforderten Todesstrafe – was nicht heißen muss, dass er straffrei blieb.

In einer ähnlichen Angelegenheit war Spriggs schon einmal mit Low aneinandergeraten: Nämlich als Ersterer den Versuch einer Meuterei durch *Philip Ashton* und andere zwangsrekrutierte Crewmitglieder mit Exekution ahnden wollte, der Commodore sich aber querstellte.[43] Low war seinen Prinzipien offenbar treu geblieben.

Völlig verärgert nahm Spriggs also seinen Abschied - mitsamt der „Delight" sowie seiner Crew von knapp 20 Mann. Das war definitiv nicht die Mehrheit, da ungefähr 50 Mann bei Low verblieben. Lows Ex-Lieutenant sollte nach seiner Atlantiküberquerung bis ins Jahr 1726 in karibischen Gefilden aktiv bleiben. Er war von dem Wunsch beseelt, Rache zu nehmen an jenen, die seinen „Piraten-Bruder" *Lowther* aufgespürt hatten.

Dieser nämlich wurde, kaum dass er wieder in der Karibik gelandet war, auf der kleinen Insel *Blanquilla* beim Kielholen von einem Patrouillenboot „kalt erwischt". Über ein Dutzend Mann seiner Crew gerieten in die Fänge der Justiz. Sie wurden im März 1724 auf der Leeward-Insel *St. Kitts* abgeurteilt.

Und Lowther? Von den Häschern ins Dickicht gejagt konnte er einer Gefangennahme zwar entgehen; sein Leichnam soll allerdings später mit einer Pistole in der Hand gefunden worden sein. Offenbar hatte er keine Möglichkeit gesehen, ohne Gefolge von *Blanquilla* wegzukommen.

---

[43] Kapitel „Gejagt"

Noch zu Lebzeiten hat er, laut Zeugenaussage, geschworen, in aussichtsloser Lage sich durch Pistolenschuss selbst ins Jenseits zu befördern, um nicht im *Execution Dock* zu landen...

Die Meuterei

Mit der „Merry Christmas" segelte Low nun seinerseits von der afrikanischen Küste Richtung Karibik, ohne diesmal die Herausforderung eines mächtigen Sturms meistern zu müssen. Dafür zogen andre Wolken auf...

Jonathan Barlow, ein nahe *Guinea* zwangsrekrutierter Seemann, berichtet:

„*... vor Martinique kaperten wir eine französische Schaluppe; und als Unstimmigkeiten unter besagten Piraten ausbrachen, entbanden sie Low seines Amtes und schickten ihn weg mit nur zwei weiteren Mann in jener französischen Schaluppe, mit einem kleinen Vorrat an Lebensmitteln.*"

Ned wurde also Ende 1723/Anfang 1724 von seiner Crew abgesetzt. Was hat die Sekundärliteratur daraus gemacht? Aufgrund eines Disputs habe der blutrünstige Low seinen Quartiermeister im Schlaf ermordet, worauf die Crew ihn in ein kleines Boot ohne jegliche Verpflegung geworfen habe, um ihn der See zu überlassen! Klingt eher nach einer Variante des noch nicht allzu lange zurückliegenden Streits zwischen Low und Spriggs um die kaltblütige Ermordung eines Crewmitglieds.

Zeuge Barlow war da näher dran und hätte in seinem nachmals veröffentlichten Bericht so eine Gräueltat kaum verschwiegen; zumal er wahrlich keinen Grund hatte, Low gewogen zu sein: Jener hatte ihm nämlich, da er die Satzung nicht unterzeichnen wollte, mit der Pistole in Rage einen Zahn ausgeschlagen!

Leider bleibt der Anlass für die Unstimmigkeiten in Lows Crew unklar. Ein Streit zwischen Kapitän und Quartiermeister war natürlich nicht undenkbar, und es mag – zumal in alkoholisiertem Zustand – Handgreiflichkeiten gegeben haben. Low war, wie auch seine Behandlung des Gefangenen Barlow zeigt, zu heftigen Wutausbrüchen fähig. Möglich, dass die Crew solche jähzornigen „Ausraster" nicht länger tolerieren mochte.

Hätte er den Quartiermeister gemeuchelt, wäre Low wohl kaum so ungeschoren davongekommen, wie es Zeuge Barlow schildert. In anderen Piratencrews war man nicht davor zurückgeschreckt, den Kapitän bei geringeren Anlässen zu ermorden (wie z. B. *Thomas Anstis*). *Barty Roberts* wurde von einem Crewmitglied, dessen Gefährten er liquidiert hatte, ordentlich verprügelt. Lows Clinch ging da noch glimpflich aus, wenn er auch das bittere Votum schlucken musste, dass ihm nur zwei Mitstreiter folgten.

Die Meuterei gegen Low wurde zudem offenbar seit längerem ausgebrütet – so legt es zumindest ein anderer gefangener Seemann namens Sperry dar:

„*Da er Low eine meuterische Verschwörung seiner Crew enthüllt hatte, war die Großzügigkeit dieses Piraten so groß, dass er... veranlasste, Sperry des Nachts sicher an Land auf einer der Leeward-Inseln abzusetzen.*"

So steht's in *William Sperrys* Biografie (1735). Er sollte nämlich nachmals kein unbeschriebenes Blatt bleiben. Der Engländer „*stammte aus sehr prekären Verhältnissen, die ihm und seinem Bruder kaum Ausbildung ermöglichten.*" Beide wurden als Jungen auf die amerikanischen Plantagen verschifft, um dort bis ins Erwachsenenalter zu arbeiten. Der aufgeweckte Sperry lernte Lesen und Schreiben und heuerte schließlich bei der Handelsmarine an, um auf einer ihrer Fahrten von Lows Piraten gekapert zu werden. Laut Biografie hatte Sperrys Zeit unter Lows Piraten fatale Auswirkungen auf den jungen Mann:

„*... sein Sinn war derart vergiftet von dem Anblick dessen, was* *an Bord geschah, dass er von da an eine Neigung zum Plündern hatte."* Zurück in seiner Heimat England geriet er in schlechte Gesellschaft. Zwar nicht als Pirat, aber als „Gentleman"-Straßenräuber endete er, wie Neds Bruder Richard, mit nur 23 Jahren in *Tyburn*.

Obwohl Sperry sich genauso wie Barlow standhaft weigerte, die Piratensatzung zu unterzeichnen, bestand demnach zwischen ihm und dem Käpt'n ein „guter Draht". Sperry ging ein enormes Risiko ein, das Treiben der Meuterer zu denunzieren. Low seinerseits wusste das Vertrauen zu honorieren, indem er Sperry die Freiheit schenkte und ihn in einer sicher abenteuerlichen Aktion des Nachts an einer der nächstgelegenen Inseln absetzte. Das kann erst nach Trennung von seiner Crew geschehen sein, so dass Sperry wohl einer der wenigen Getreuen war, die sich dem entlassenen Käpt'n anschlossen!

Low war beileibe nicht der einzige Piratenkapitän, dem es widerfuhr, durch Mannschaftsvotum seines Postens enthoben zu werden. Captain *England* wurde von seiner Crew auf Mauritius ausgesetzt, weil er zu „nett" zu Gefangenen war. *Captain Hornigold* wurde entlassen, weil er sich weigerte, englische Schiffe zu kapern. Captain *Charles Vane* widerfuhr dasselbe, da man ihm „Feigheit" vorwarf. Diese Beispiele haben gemeinsam, dass Kapitäne wegen mangelnder martialischer Haltung abgesetzt wurden!

Denn, wie ein Kaperopfer aussagte: „*Ein Piratenkäpt'n hat offenbar nur auf der Beutejagd oder im Gefecht Befehlsgewalt – und dann absolute.*[44]" Low war in der Tat ein äußerst fähiger und unerschrockener Stratege – als Mensch schien er aber (durch *Philip Ashton* beglaubigt) von sehr schwankenden Stimmungen ergriffen, also emotional instabil gewesen zu sein.

---

[44] „British Journal" (August 1724)

Wenn Ashton ihn immer wieder „*hemmungslos weinen*" sah, dann dürften dies auch andere Crewmitglieder mitbekommen haben. Für einen Piratenchef, der stets martialisch zu sein hatte, äußerst bedenklich, denn es wurde (zumal von konkurrierenden Untergebenen) rasch als Schwäche ausgelegt!

Missbefriedigung mochte überdies Lows „Ungleichbehandlung" zwangsrekrutierter Crewleute gestiftet haben. Wieso behandelte er einen Barlow harscher als einen Sperry? So, wie seinerzeit Spriggs aufgebracht war, dass der Commodore den Beinah-Meuterer *Philip Ashton* mit seiner Gunst schützte[45]! Low schien gewisse „Lieblinge" zu haben, was ihm Vize Spriggs und nun auch der Rest seiner Leute nicht mehr durchgehen lassen wollte.

Dass der Respekt gegenüber Low in seiner späteren Laufbahn bröckelte, könnte eine bereits geschilderte[46] Begebenheit bestätigen. Während eines Handgemenges an Deck

„*kriegte Captain Low, der im Weg stand, (versehentlich durch ein Entermesser) einen Hieb am Unterkiefer ab, der die Zähne bloß legte. Daraufhin wurde der Arzt gerufen, der die Wunde umgehend nähte. Da aber Low etwas auszusetzen hatte an der Behandlung, versetzte der ... ziemlich betrunkene Arzt Low einen solchen Schlag mit der Faust, dass die Wunde wieder aufbrach. Er befahl ihm, sich die Schnittwunde selber zu nähen und zum Teufel zu gehen.*"

Etwas, das man leicht übersieht: Low selbst wurde Opfer von nicht geringer Brutalität in seiner eigenen Crew!

Das Amt des Piratenkapitäns war immer „ein Tanz auf einem Vulkan". Denn anders als bei einem regulären Kapitän war dessen Autorität durch die egalitäre Kontrolle des

---

[45]Siehe Kapitel „Gejagt"
[46]Siehe Kapitel „Der Admiral"

„Mannschaftsrates" stets in Frage gestellt. Außerdem wechselte in solch einer Zeit die Zusammensetzung einer Crew und folglich auch das „Klima".

Nachfolger des abgesetzten Low wurde ein gewisser *Richard Shipton*. Dieser vereinigte sich wenig später vorübergehend mit Captain Spriggs. Nach erfolgreichen Kaperungen in der Karibik wurde Shipton Anfang 1726 gefasst und auf Jamaica abgeurteilt.

Wie über Spriggs ist auch über jenen Shipton wenig bekannt. Britische Zeitungen nennen ihn einen „*North Country man*" - also einen Nordengländer oder gar Schotten. Der Name seines späteren Kaperschiffs, „Royal Fortune", könnte zudem interessante Rückschlüsse erlauben: Es war nämlich ein bei jakobitischen Piraten (*Barty Roberts, Captain England*) beliebter Name, wobei das „Royal" den *Stuart*-Prätendenten ehren sollte. Gehörten Shipton und seine Anhänger mithin derselben Partei an wie seinerzeit Quartiermeister *Russel*[47] – und lag hierin die eigentliche Ursache der Meuterei gegen Low, weil der nicht auf den jakobitischen Kurs schwenken wollte?

---

[47]Siehe Kapitel „Captain *Roberts*' Erlebnisbericht"; die *Jakobiten* wollten das katholische Haus *Stuart* auf dem britischen Thron

Piratendämmerung

Die Angaben zu Lows weiterem Schicksal sind recht widersprüchlich. Angeblich sollen er und seine (beiden?) Schicksalsgenossen in der französischen Schaluppe alsbald von einem französischen Kriegsschiff aufgegriffen und nach *Martinique* verbracht worden sein. Dort habe man ihnen ohne Umstände den Prozess gemacht.

Der gefürchtete Low auf *Martinique* gehängt! Das hätte doch wie ein Tsunami durch die weltweite Presse laufen müssen! Nichts dergleichen. Dafür gibt der „Boston News-Letter" (Oktober 1724) gemäß brieflicher Nachricht von *Barbados* an, ein Kriegsschiff von *Martinique* wäre Low im Frühjahr in der Region auf den Fersen gewesen. Offenbar führte diese Jagd zu keinem Ergebnis, sonst wäre man mit Sicherheit davon unterrichtet worden.

Eine andere Meldung des „Boston News-Letter" (vom Ende März 1724) könnte Aufschluss geben, was nach Lows „Entlassung" tatsächlich geschah:

„Ein anderer Pirat hatte Low gefasst, seine Schaluppe verbrannt und ihn mitsamt seiner Crew auf einer einsamen Insel ausgesetzt."

Diese Meldung ist äußerst zeitnah zu Lows Trennung von seiner alten Crew; er befand sich ja danach auf der französischen Schaluppe, mit nur zwei Mann, so dass er anderen Piraten (von denen es in der Karibik wimmelte) nichts entgegenzusetzen hatte. Immerhin – man ließ ihn am Leben. Möglicherweise handelte es sich bei den anderen Piraten um Franzosen, deren Aktivitäten zur selben Zeit in diesen Regionen nachgewiesen sind. Das würde auch die Falschmeldung, Low sei Franzosen in die Hände gefallen, plausibel machen...

Und so ließe sich die Lücke von mehr als einem Jahr erklären, in dem er in den Medien nicht mehr auftaucht. Wahrscheinlich saß er (wie Philip Ashton zur selben Zeit auf *Rattan*!) einfach auf dieser Insel fest und musste das Beste aus seinem Geschick machen.

Auch laut Aussage des im Winter 1724/25 befreiten Seemanns Barlow „*hatte man* (bis dahin) *nichts mehr von Low gehört.*" Erst gegen Ende 1725 wurden im karibischen Bereich vermehrt neuerliche Sichtungen durch Handels- und Kriegsschiffe gemeldet. Immer wieder wollte man Spriggs und Low im Golf von *Honduras* gemeinsam gesehen haben. Demnach hätten sich beide wieder zusammengerauft.

Es war Low also gelungen, sich irgendwann auf irgendeine Weise von dieser Insel wieder abzusetzen, in Richtung Golf von *Honduras*, wo er sich vortrefflich auskannte aufgrund seiner früheren Touren - und wo er auch bedeutsamen Rückhalt (unter den Baymen hatte). Dort ergab sich dann zwangsläufig ein Wiedersehen mit Spriggs, der in der Zwischenzeit in diesen Breiten recht produktiv gewesen war.

Spriggs hatte seit langem eine „fixe Idee": Er plante, nordwärts zu segeln, um Rache zu nehmen an *Captain Solgard*, der dazumal Charles Harris gefangen genommen und dem Strang zugeführt hatte. Wie oben erwähnt, hatte Spriggs auch dem Bezwinger von Captain Lowther Rache geschworen, sie aber bislang nicht ausüben können. Seine Streitmächte waren dafür zu schwach – erst recht, als sein Gefährte und Lows Nachfolger Shipton ebenfalls ausgeschaltet worden war. Die karibischen Gefilde wurden von piratischen Aktivitäten zunehmend gesäubert; für Unverdrossene wie Spriggs und Low wurde es dort immer enger.

Bereits im Frühjahr 1724 hatte der Gouverneur der *Leeward-Inseln*, *John Hart,* kräftig die „Propagandamühle" gegen das Schreckgespenst Low betätigt, indem er sich an das „Counsel of Trade" wandte, in aller Dringlichkeit:

„Dieser Low ist notorisch – auch wegen seiner Grausamkeit sogar gegen Angehörige der Britischen Nation (!!), und da ein größeres Monster nie die Meere verseucht hat, stelle ich dem höherem Urteil Eurer Lordschaften anheim, ob nicht Seiner Majestät die Empfehlung zu geben sei, eine Bekanntmachung herauszugeben, dass denen, die ihn tot oder lebendig bringen, sogar mit Aussicht auf Begnadigung seiner Komplizen, eine großzügige Belohnung geboten werde. (Seine Piraten) würden dem Handel unglaublichen Schaden zufügen durch Kapern, Plündern, Verbrennen oder Sinken aller Schiffe, welcher Nation auch immer, die ihm in den Weg kommen."

Harts Drängen zu jenem Zeitpunkt war plausibel. Im Frühjahr 1724 stand Low nämlich, von den Winden über den Atlantik geweht, wieder „ante portas" – d.h. man musste sich auf einen neuen Sturmlauf gen Norden gefasst machen, wie ihn Low in den beiden Jahren zuvor erfolgreich absolviert hatte. Bezeichnend ist Harts Hinweis, dass Low selbst britische Schiffe nicht verschonen würde – um Parlament und Krone die Illusion zu nehmen, sie müssten allzu nachsichtig mit Mr. Low sein…

Das Kopfgeld für einen gefangenen Piratenkapitän konnte damals bis einige hundert Pfund Sterling betragen. Hart hätte vielleicht für das „Monster Low" noch eine höhere Summe in Aussicht gestellt…

Der Zeitpunkt von Harts „Panikbrief" (März 1724) ist aus einem weiteren Grund aufschlussreich: Auf *St. Kitts*, seinem Amtssitz, waren Anfang desselben Monats die Überreste von *Captain Lowthers* Crew liquidiert worden – und nun fürchtete Hart zweifellos, Ziel einer Racheaktion durch Lowthers „Schüler" zu werden…

Wie sehr zu jener Zeit die Angst umging, verrät auch ein Schreiben des Gouverneurs von *Virginia*, Spotswood, an das „Board of Trade": Er beklagt den Mangel *„einer günstigen Gelegenheit, heimwärts nach London zu reisen. Er bestand darauf, er würde nur mit einem gut bewaffneten Kriegsschiff reisen…"*

Spotswood hatte ebenfalls allen Grund, piratische Übergriffe zu fürchten – war er es doch, der seinerzeit maßgeblich daran beteiligt war, den Piraten *Blackbeard* dingfest zu machen. Im Falle einer Kaperung hätte ihm Arges gedroht – ob durch Low oder sonst einen Piratenchef.

Zwar war Low, seines Kapitänspostens verlustig gegangen, keine unmittelbare Gefahr. Solange er aber nicht gefasst war und der nicht minder rachsüchtige Spriggs sein Unwesen in der Karibik trieb…

Im Laufe des Jahres 1725 muss sich Ned, wie gesagt, Spriggs angenähert haben. Ganz sicher hatte er kein Interesse, sich mit Shipton, weil der ja gegen ihn gemeutert hatte, neuerlich zusammenzutun, so dass er gewartet haben mochte, bis Shipton nicht mehr an Spriggs' Seite war. Letzterem dürfte klar gewesen sein, dass er auf Lows Unterstützung und Erfahrung angewiesen war, nachdem seine Crew infolge von Zusammenstößen mit der Marine zusammengeschrumpft war. Das „British Journal" (März 1726) vermeldet ausführlich:

„Von einem Schiff aus dem Golf von Honduras wurden wir unterrichtet, dass Pirat Low sich dem Piraten Spriggs angeschlossen hat, und dass sie ihre Crews vereint haben und in der Delight, Spriggs' Schiff, segeln; als einige Zeit später die Mannschaft und die Offiziere in Streit gerieten, beschloss man einmütig, das Schiff in Brand zu setzen… Danach nahmen sie eine Schaluppe in Beschlag und stachen mit ihr in See…."

Diese Meldung bezieht sich auf Ereignisse, die bereits im Herbst 1725 stattgefunden hatten. Laut Auskunft einer neu-englischen Zeitung hatte Low auch wieder den Oberbefehl übernommen. Die Vereinigung schien allerdings nicht ganz konfliktfrei vonstatten gegangen zu sein. Eventuell waren nicht alle Crewleute von Lows „Comeback" angetan, und manche setzten sich ab, so dass man auf ein kleineres Schiff umsteigen musste.

Gefangenen gegenüber sollen einige Leute in Captain Spriggs' Gefolgschaft seinerzeit ausgesagt haben, *„sie hätten sich von Low getrennt wegen seiner Grausamkeit gegenüber Gekaperten."* Ein wenig befremdlich. Denn: Erstens hatte Spriggs' „Scheidung" von Low[48] nichts mit dessen Grausamkeit zu tun. Außerdem: Auch Spriggs' Team war nicht von Pappe. Auch da wurden Gefangene und gepresste Seeleute laut Augenzeugenaussagen *„barbarisch behandelt"*. Philip Ashton, der Spriggs um ein Haar 1724 auf *Rattan* in die Hände gefallen wäre, erzählt, wie Spriggs' Leute die indianische Gefährtin eines Bayman *„schändlich missbrauchten"* und eine kleine Gruppe Baymen misshandelten. Ob Low selbst, der zu den Baymen stets einen guten Draht gepflegt hatte, solches zugelassen hätte…

Eine von Spriggs' Spezialitäten war offenbar die „Schwitzzeremonie" (die ein Gefangener erläutert): „Schwitzen" – das bedeutete, einen entkleideten Gefangenen um den Hauptmast zu scheuchen und ihn dabei zum allgemeinen Vergnügen mit Entermessern oder sonstigen spitzen Utensilien zu pieksen![49]

---

[48]Siehe Kapitel „Der Admiral"
[49]Nach einem Zeitungsbericht kannte aber auch die britische Navy das „Schwitzen"! Also keine Piraten-Erfindung!

Wieso mokierten sich Spriggs' demnach höchst abgebrühte Mannen über angebliche Barbareien ihres Ex-Kapitäns Low? War das nicht vielleicht eher Groll darüber, dass Ned dazumal die Tötung eines (mit ihnen vielleicht befreundeten) Crewmitglieds durch einen Kameraden nicht mit der Todesstrafe geahndet hatte?

Nach ihrer Wiedervereinigung tauchten beide berüchtigte Piraten wiederholt in Zeitungsmeldungen auf, jedoch nicht mit Erfolgen, sondern als Gejagte. So schildert z. B. „Mist's Weekly Journal" (März 1726):

„... *Wir haben Mitteilung, dass Low und Spriggs, die bekannten Piraten, beisammen auf einer Schaluppe im Golf von Honduras, vom Kriegsschiff „Spence" auf die Insel Rattan gescheucht wurden. Die Verfolger verbrannten die Schaluppe; die Piraten ihrerseits nahmen Zuflucht im Dickicht, wo man sie zurückließ.*"

Einfach so zurückließ – die beiden meistgesuchten Piraten... Als Captain Lowther seinerzeit im Dschungel von *Blanquilla* untertauchte, wurde die Insel auf mehreren Expeditionen derart gründlich durchkämmt, dass der arme Lowther sein Heil nur noch in einem Kopfschuss sah! Nun gut – *Rattan* (jenes Eiland, auf dem Philip Ashton zwei Jahre verbringen musste) ist äußerst langgezogen und für Piraten gerade deshalb ein so beliebter Schlupfwinkel gewesen, weil Jägern hier das Leben schwer gemacht wurde. Und von dort wieder wegzukommen war für solche Kaliber wie Low und Spriggs trotz Verbrennung ihres Schiffes kein Ding der Unmöglichkeit...

Im Nu hatten sie nämlich zumindest wieder Kanus (die ihnen offensichtlich kooperierende Baymen besorgt hatten). Ein Spähtrupp der HMS „Diamond", die Low seit Sommer 1723 nachspürte, begegnete Selbigem im Februar 1726 unweit

Rattan auf einer Piragua (einem langen Indianerkanu). Mitsamt seiner achtköpfigen Besatzung schien er sich einen Spaß draus zu machen, mit den Häschern Katz und Maus zu spielen:

„Er wartete ab, bis unsere Schaluppe so nah kam, dass die Leute an Bord seine vorn am Kanu anmontierten Drehbassen sehen konnten."

Ganz schön frech – Ned hatte auch keinen Anlass zur Eile, da er gleich darauf sein Kanu in so seichte Gewässer steuerte, dass die Schaluppe keine Chance zu weiterer Verfolgung hatte!

Überhaupt schienen die Leute der „Diamond" von „Pleiten, Pech und Pannen" verfolgt. Hatten sie gerade in einem fulminanten nächtlichen Handstreich sich des Piraten Shipton und seines Anhanges bemächtigt sowie einen weiteren Teil von Spriggs' Crew bravourös überwältigt, so schien bei Low keine noch so toughe Aktion zu gelingen: *„Wir hätten ihn gehabt,"* beteuern die Verfolger, *„hätten wir nicht durch einen Zwischenfall unser Kanu eingebüßt."* Dann erhob sich auch noch ein Sturm, und zu allem Überfluss gingen bei den Jägern ausgerechnet die Lebensmittelvorräte zur Neige…

Natürlich „ist manchmal einfach der Wurm drin", und Low spielte ja auch in einer anderen Liga als ein Shipton oder Cooper – dennoch drängt sich irgendwie der Eindruck auf, dass Lows zahlreiche Häscher sich nicht gerade ein Bein ausrissen bei ihrer Jagd. Schon an den *Kapverden* hatte der Kapitän der „Diamond" vermerkt: *„Ich hätte Low den Piraten bei meiner ersten Ankunft an diesen Inseln geschnappt, wenn ich die Einfahrt in die Nordwestpassage von Bonavista hätte riskieren können."* Offenbar riskierte man also nicht unbedingt Kopf und Kragen, auch wenn man Low jagte.

Ein wenig stutzig machen muss einen das schon. Sollte das „Monster des Atlantik", das so viel Schaden angerichtet hatte, nicht längst dingfest gemacht worden sein? Stattdessen meldete man nach London, Spriggs und Low würden „*ohne Kanu und Proviant*" auf *Rattan* dahinvegetieren bzw. hätten sich unter die Miskito-Indianer gemischt (die allerdings nur auf dem Festland lebten)!

Von wegen. Als sich Low und Spriggs im Frühjahr 1726 keck wieder nach Norden vorwagten, kommandierte jeder eine Schaluppe! Zumindest laut Newcomer-Pirat *William Fly*, der den Schwerenötern an der amerikanischen Küste begegnet sein will. Laut Fly hatten sie sich zwar „*vor den Kaps von Virginia getrennt*", lauerten aber angeblich auf ein „*großes Schiff, gebaut in New London*", das sie sich unter den Nagel zu reißen trachteten. Möglicherweise hatte Fly, als er gekaperten Seeleuten davon berichtete, hier nur „Fake News" ausgestreut, um auf eine falsche Spur zu locken.

Fakt ist: Von Low oder Spriggs sind keine Kaperungen mehr bekannt. Offenbar wollten sie kein größeres Aufsehen mehr erregen, während *William Fly* mit seinen Coups die Aufmerksamkeit der Häscher umso mehr auf sich zog, bald darauf jedoch von einigen zwangsrekrutierten Mitgliedern seiner kleinen Crew überwältigt wurde. Niemand interessierte sich für Lows und Spriggs' Verbleib, als wenige Wochen später in *Boston* Flys spektakuläre Hinrichtung stattfand.

Still und leise waren sie entschlüpft. Welches Ziel aber konnten sie gehabt haben? Sich an einem diskreten Ort zur Ruhe setzen, mit ausreichend erbeutetem Kapital?

Dass Low irgendwann vorhatte, sein Piratendasein an den Nagel zu hängen, könnte aus einer Bemerkung, die er Philip Ashton gegenüber machte, herauszulesen sein:

„*Low hatte mir oft gesagt, dass ich nach Hause gehen sollte, wenn er es tat und nicht eher, und geschworen, ich sollte niemals den Fuß an Land setzen, bis er es tat.*"

Gut – Ashton war zwangsrekrutiert; dennoch hat diese Äußerung etwas außerordentlich Vereinnahmendes. Wie auch immer: Nach Hause zu gehen – das bedeutete für Ashton, nach *Marblehead*. Dieses Hafenstädtchen war nicht allzu weit entfernt von *Boston*. Wollte Low damit aussagen: Zu Hause ist für uns beide *Massachusetts*, also können wir auch zusammen dort an Land gehen?

In *Boston* lebte jener Mensch, der ihn noch an sein früheres Leben band: Seine Tochter Elisabeth, im Jahr 1726 sieben Jahre alt. Wie Ashton bezeugt, waren Lows Gedanken recht häufig bei ihr. Es ist nicht ausgeschlossen, dass er das Ziel, irgendwann einmal in die Nähe seiner Tochter zurückzukehren oder ihr zumindest einen Besuch abzustatten, nie aus den Augen verloren hat.

Solch ein Szenario entwirft übrigens *Steve Gentile* am Ende seiner Anime-Kurzdokumentation (2014) „A Pirate named Ned": Dort kehrt Low per Boot an ein Gestade zurück, wo ihn seine Tochter in Empfang nimmt. Vielleicht ein wenig zu romantisch-rührselig, auch wenn man es ihm so gewünscht hätte. Er selbst dürfte am besten gewusst haben, wie viele Schwierigkeiten dem entgegenstanden – er war ein international gesuchter Kopf, allerdings auch ein Meister im Ab- und wieder Auftauchen…

Der Schatz

Piraten kaperten nicht aus purer Abenteuerlust oder „just for fun" – was sie auf sich nahmen, diente vor allem lukrativen Zwecken. Kapitän und Crew hofften immer auf den „fetten Fang": Ein mit Truhen voll Gold, Silber und Juwelen beladenes Schiff. So ein „Hauptgewinn" war freilich selten. Meistens wurde erbeutet, was man für den Alltagsbedarf benötigte: Lebensmittel, Spirituosen, Kleidung, Waffen und Munition sowie Ausrüstung fürs Schiff. Wohlhabende Passagiere wurden natürlich wie eine Weihnachtsgans ausgenommen.

Zur Veranschaulichung die im „Boston News-Letter" veröffentlichte detaillierte Auflistung eines um seine Wertsachen erleichterten holländischen Geschäftsmanns auf einem von Low 1722 gekaperten Schiff):

„Ein scharlachroter Anzug, ein neuer grauer weiter Mantel, ein Degen, mit einem feinen roten Samtgürtel, ein Gewehr mit holländischem Lauf, neun Taschen mit Mantel- und Jackenknöpfen, eine beachtliche Menge Nähseide und Mohair, Schuhschnallen, Taschenmesser, ... ein Schal aus roter persischer Seide, mit Fransen aus schwarzer Seide, eine beachtliche Menge Papiergeld und Dollars, eine neue Kiste, ein Biberpelzhut mit Silberborte..."

In *Captain Roberts'* Bericht äußert Lows Kanonier:

„Ich für meinen Teil... sowie die meisten aus der Mannschaft kamen hierher, um sich Geld zu verschaffen."

Die Mehrheit jener Männer hatte ja den „Piratenberuf" ergriffen, weil sie mit ihrem materiellen Status unzufrieden waren. Wenn man sich aus ertragreichen Prisen etwas „zusammengespart" hatte, konnte man in ein „solides" Dasein zurückkehren und es einigermaßen selbstbestimmt einrichten.

Manchem Pirat gelang das auch, der sich dann irgendwo „incognito" ansiedelte. *Captain Johnson* erwähnt zwei Ex-Piraten, deren Namen er diskret verschweigt,

„*da sie nunmehr in einem ehrlichen Beruf in London angestellt sind.*"

Auch *Captain Avery*, der seinerzeit das märchenhaft reiche Schiff des Großmoguls geentert hatte, erträumte sich danach ein sorgenfreies Leben. Das Problem war nur (zumindest schildert *Captain Johnson* es so): Er konnte seinen Anteil an Diamanten nirgendwo veräußern, ohne Verdacht zu erregen, und so zog er mit seinen Reichtümern ruhelos umher. Schließlich soll er sie bei einigen ihm als seriös vermittelten Händlern hinterlegt haben, die ihn letztendlich über den Tisch zogen.

Ned Low stellte jedes gekaperte Schiff auf den Kopf, ob nicht irgendwo klingende Münze verstaut war. *Captain Roberts* erwähnt in seinem Bericht, dass Low seinen Quartiermeister Russel angrummelte, weil der statt Geld von einem Raubzug an Land nur zwei Gefangene mitgebracht hatte. Anhaltend magere Prisen konnten einer Piratencrew aufs Gemüt schlagen und Spannungen erzeugen.

Nachweisbar machte Ned rings um den Atlantik auch „fette Beute": Bereits im Juni 1722 erleichterte er die „Sarah" um „*einige hundert Pfund in Geld*". Im Mai 1723 kaperte er an der nordamerikanischen Küste den Schoner „Essex", dessen Besitzer Bartholomew *Putnam* einer bis auf den heutigen Tag renommierten Familie angehörte. Entsprechend lohnend war die Prise: „*Er schaffte fort, was er an Gold und Silber finden konnte.*" Kurz zuvor hatte seine Crew auf der „Amsterdam Merchant" Gold und Silber im Wert von 150 Pfund Sterling erbeutet. Im Sommer 1723 statuierte der „American Weekly Mercury", Low hätte Münzen und Tafelgeschirr im Wert von

150.000[50] Pfund an Bord! Was wiederum neu-englische Geschäftsleute (wie etwa den Bostoner Amory) veranlasste, in jenen Wochen eiligst ihre verschifften größeren Geldwerte zu versichern.

In den 50er Jahren des letzten Jahrhunderts machte nun ein „Schatzjäger" und Historiker von sich reden, dessen Name – *Edward Rowe Snow* - auch noch den unseres berüchtigten Protagonisten echot! Ausgerüstet war er mit einer von Ned Low selbst gefertigten Schatzkarte!

Leider verrät er nicht die Herkunft jener Karte, die sicher sehr aufschlussreich wäre – denkbar wäre ein Archiv oder Privatbesitz. Wahrscheinlich aber durfte Mr. Snow darüber nichts verlauten lassen. Bezeichnenderweise kam er selbst aus *Massachusetts*, eben dem Bundesstaat, wo eine Zeitlang Ned Low und dann dessen Nachkommen beheimatet waren…

Besagter Plan auf einem durchgerissenen Blatt Papier trägt jedenfalls eindeutig Edward Lows Namen, unter der Skizze einer Insel, Island Haute bezeichnet. Es handelt sich um die in der kanadischen *Fundy-Bay* gelegene *Isle Haute*; der französisch-englisch zusammengesetzte Name heißt ins Deutsche übertragen „Hohe Insel". Wie ein Plateau ragt sie mit ihren ringsum steilen Basaltkliffs auch aus dem Wasser, gleich einer Festung. Ein bizarrer Platz, der natürlich dem Kennerblick eines Piraten nicht entgehen konnte. Vor 300 Jahren noch schwerer zugänglich empfahl sich dieser Ort als Schatzversteck!

Ein simpler Pfeil markiert auf der Skizze die Position des Verstecks, ziemlich am nordöstlichen Ende. Als *Mr. Rowe Snow* dort 1952 mit Hilfe eines Metalldetektors am Fuße der zerklüfteten Felsen grub, wurde er tatsächlich fündig: Er grub einige Gold- und Silbermünzen aus. Diese portugiesischen

---

[50] entsprächen heute über 10 Millionen Pfund!

157

sowie spanischen Geldstücke datieren ins frühe 18. Jahrhundert. Der Schatz machte einen Wert von umgerechnet 1200 Dollar aus.

Dies korrespondiert mit weiteren Angaben auf dem Kartenplan: Über Lows Namen findet sich eine Art Buchführung des „Münzdepots" – 1355 Goldmünzen sowie 23758 silberne Pesos. Mr *Rowe Snow* hatte also nicht das gesamte Depot gefunden. Nun wollten bereits in den Jahrzehnten davor andere Schatzsucher auf der Insel Münzen im Wert von 20.000 Dollar gefunden haben, allerdings an anderer Stelle. Laut diverser mündlicher Überlieferungen soll nämlich bereits *Käpt'n Kidd* um 1700 daselbst Schätze verstecken haben lassen, vor seiner Verhaftung durch den Gouverneur von *Massachusetts*!

Ned Lows Karte informiert aber nicht nur über Lage und Umfang des Schatzes, sondern auch über dessen Herkunft: Der Name „Victoria" bezeichnet wahrscheinlich ein gekapertes Schiff, auf dem diese Beute gemacht wurde.

Nun erzählt *Captain Johnson* in seiner Edward-Low-Vita von der Enterung einer „Nostra Signiora di Victoria", die bisher chronologisch nicht einzuordnen war. Auch diese Episode soll Lows Hang zu blutrünstiger Raserei dokumentieren:

„... Sie griffen ein reiches portugiesisches Schiff namens Nostra Signiora di Victoria an... und kaperten es nach einigem Widerstand. Low folterte etliche Mann, um ihnen zu entlocken, wo das Geld, welches er an Bord vermutete, lag, und erhielt so das Geständnis, dass der Kapitän während des Versuchs, den Piraten zu entrinnen, aus dem Kabinenfenster eine Tasche mit 11.000 Moidors gehängt hatte; kaum waren sie gekapert, habe er das Seil durchgeschnitten und die Tasche ins Meer fallen lassen.

Als Low vernahm, was für Beute ihm entgangen war, tobte er wie ein Besessener, schwor tausend Eide und befahl, dem Kapitän die Lippen abzuschneiden; diese briet er in dessen Anwesenheit und ermordete danach ihn sowie dessen gesamte Crew, insgesamt 32 Leute."

Als Quelle für diese Horrorstory lässt sich kein Geringerer als der bereits erwähnte Gouverneur der Leeward-Inseln *John Hart* ermitteln, der im gleichen Atemzug Low als Meeresmonster bezeichnet hatte, um beim „Counsel of Trade" ordentlich Druck zu machen. Die Begebenheit will er aus dem Mund eines ehemaligen Quartiermeisters von Low, namens Nicholas Lewis, erfahren haben.

Besagter Nicholas Lewis taucht in einer Liste der in der Karibik gefassten und im März 1724 auf der Insel *St. Kitts* hingerichteten Überlebenden von George Lowthers Crew auf – und zwar als Lowthers Quartiermeister! *St. Kitts* lag in Gouverneur Harts Amtsbereich, und er hatte nachweislich Kontakt zu Lowthers gefangenen Leuten.

Wann fand nun die lukrative Plünderung eines portugiesischen Schiffes „Victoria" statt?

Wenn man in *Captain Johnsons* erster Ausgabe der „Allgemeinen Geschichte" blättert (die ja erschien, als Gouverneur *Harts* Bericht in Großbritannien noch nicht allgemein bekannt war[51]), kommt dasselbe Ereignis weitaus weniger spektakulär daher:

„Sie (Lows Piraten) hatten kaum die Kapverden hinter sich gelassen, ehe sie Jagd auf ein Schiff machten... welches sich als ein Portugiese herausstellte, und eine fette Beute dazu – „Nostra Signiora di Victoria" genannt, mit Kapitän Rodriguez

---

[51] Die „Allgemeine Piratengeschichte" erschien Ende Mai 1724; Harts Bericht datiert vom März

als Kommandeur... diese fertigten sie ab mit der gebotenen Eile und machten sich davon..."

Das Ganze fand also wahrscheinlich im Herbst 1722 statt, als Low von den *Kapverden* zum großen Sprung über den Atlantik aufbrach. Die Kaperung zweier portugiesischer Schiffe in jenem Zeitraum bestätigt übrigens die bereits erwähnte Kaperliste im „Boston News Letter".[52] Zumindest bei der „Victoria" keine Rede von einem Gemetzel. Im Gegenteil: Fette Beute, wie es Lows Schatzplan bestätigt! Irgendwelche Blutorgien wären auch an Philip Ashton kaum vorübergegangen!

Fazit: Da Nicholas Lewis nachweislich ein führendes Mitglied von Lowthers und nicht Lows Crew war, ist sein Zeugenstatus hinfällig und die ohnehin groteske Horrormär damit fragwürdig.

Und die ins Meer gerutschten sagenhaften 11.000 Moidores? Die „Daily Post" (Oktober 1722) berichtet, dass bei der Kaperung der (portugiesischen) *Rose Pink* (Lows einstigem Flaggschiff)[53] dazumal <u>1100 Moidores</u> erbeutet wurden (also exakt eine Null weniger). Bei den vielen von Low gekaperten Schiffen kann so ein Patzer ja mal passieren...!

Für den Gouverneur der *Leeward* Inseln erfüllte aber so eine Horror-Story eine wichtige Funktion: Wie bereits im vorigen Kapitel dargelegt, suchte er im Frühjahr 1724 die Öffentlichkeit wachzurütteln, endlich nachhaltig etwas gegen den notorischsten aller Piraten, Ned Low, zu unternehmen. Zur Untermauerung seiner Sorgen brauchte es noch ein reißerisch aufgeputztes Beispiel dafür, dass Low ein wahres Ungeheuer war.

---

[52]Siehe Kapitel „Captain *Roberts'* Erlebnisbericht"
[53] Kapitel „Rose und Fancy auf Beutezug"

Unser Schatzsucher *Rowe Snow* hatte damals nicht nur Gold- und Silbermünzen gefunden – beim Graben war er zu seinem Horror auf menschliche Gebeine sowie die Überreste eines Spießes gestoßen. Kriminalistisch rekonstruiert könnte sich folgendes Szenario abgespielt haben: Beim Öffnen des Schatzdepots war es zu einer gewaltsamen Auseinandersetzung gekommen, deren Opfer man nach Bergung des Schatzes daselbst rasch verscharrte, wobei einige Münzen bei der Leiche zurückblieben.

Eine gruslige Hypothese lautet, Ned Low habe beim Vergraben des Schatzes ein Crewmitglied geopfert, dessen Geist den Schatz bewachen sollte. Dieses „Ritual" wird auch in *Louis Stevensons* „Die Schatzinsel" beschrieben. Ob es wirklich von Piraten praktiziert wurde oder nicht eher zu den „Schauermärchen" gehört? Denn: Eigentlich konnten es sich Piraten nicht leisten, von ihren dringend benötigten Crewmitgliedern eines zu opfern – und um die „Ehre", einen Schatz zu bewachen, wird sich kaum einer gerissen haben. Dennoch ist man sich in der Region bis heute sicher: Lows geopferter Crewmann spukt als kopfloser Geist auf der *Isle Haute* nach wie vor rum!

Eine nähere Untersuchung der sterblichen Überreste plus Spieß hätte sicher mehr Aufklärung geschaffen: Welcher Zeitperiode die Leiche zuzuordnen war; ob der Tote europäisch-stämmig oder vielleicht *native American* war. Auch Indianer kamen nämlich zu jener Zeit nachweislich auf die *Isle Haute*, zu Versammlungen.

Damit nicht genug des Makabren: Mr. Rowe Snow wurde damals bei seinem Besuch auf der *Isle Haute* vom Leuchtturmwärter freundlich bewirtet und beherbergt. Dessen Wohnstatt brannte nur vier Jahre später ab und wurde nicht wieder aufgebaut. Heute befindet sich auf der nunmehr unbewohnten Hochfläche ein Stahlturm in der Funktion des alten Leuchtturms.

Seit dem spektakulären Fund von 1952 wurde die unwirtliche Insel erst recht Anziehungspunkt für passionierte Schatzjäger – zum Leidwesen der kanadischen Behörden, die wildes Buddeln in dem Naturreservat streng untersagt haben. Als Kompromiss bietet *Advocate Boat Tours* geführte Fahrten zur *Isle Haute* an, wo man mit einer Kopie von Ned Lows Karte auf alten Piratenspuren wandeln darf, mehr nicht…

Sehr wahrscheinlich hat Ned Low über andere ergiebige Prisen ähnlich Buch geführt und Pläne gezeichnet von ihrem Versteck. In der Tat werden noch mehrere von Low angelegte Schatzdepots vermutet, im Golf von *Honduras* (seinen bevorzugten „Jagdgründen"), an der Küste von *Neuschottland* sowie der von *Maine*.

Eine weitere, reich ausgeschmückte „Schatzlegende" spielt in der *Casco Bay* – genauer: auf *Pond Island*, nördlich von *Portland (New Hampshire)*. In diesem Fall liegt leider kein Schatzplan vor – nur örtliche Überlieferung, welche die Ereignisse um einen sagenhaften Schatz fantastisch ausgestaltet hat. In jenen Gegenden lebt das Andenken Ned Lows als blutrünstiger Killer besonders hartnäckig fort. Eine reiche spanische Galeere soll er dort gekapert, die gesamte Mannschaft eigenhändig gemeuchelt und unermessliche Reichtümer verbuddelt haben. Beim Vergraben des Schatzes sei natürlich ein gieriger Streit um die Beute entbrannt, der mehrere Mann das Leben kostete (deren Geister dann den Schatz bewachten). Wer da nicht an *Karl Mays* „Schatz im Silbersee" denkt…

Wie man unschwer erkennen kann, ist hier die Massenexekution der Spanier durch Lows Crew im Golf von *Honduras* vermengt sowie vielleicht noch die von Gouverneur

Hart publizierte Horror-Story vom Abschlachten auf der portugiesischen „Nostra Signiora di Victoria".

Eine sachlichere Variante macht aus Ned einen Geschäftsmann, der sich in *Salem* (*Massachusetts*) ein Haus baut, aber nach dem Tode seiner Frau nach *Brasilien* reist. Dort schließt er sich Piraten an und beginnt seine berüchtigte Karriere. Bei Verheerungen der neu-englischen Küsten kapert er das Schiff eines spanischen Piraten, das mit unermesslichen Beutegütern beladen ist. Ungünstigerweise erscheint just in dem Augenblick die britische Marine, die dem spanischen Piraten schon lange auf den Fersen war. Low versenkt die Schatztruhen in aller Eile in einem Tümpel auf *Pond Island* und kann der Marine dann knapp entrinnen.

Die Erzählung endet mit Neds Gefangennahme durch ein französisches Kriegsschiff in der Karibik und seiner Hinrichtung.

In dieser spannend erzählten Schatzgeschichte finden sich einige „Splitter" aus Ned Lows tatsächlicher Laufbahn: Er ist nach Neu-England eingewandert, heiratet und wird bald darauf Witwer. Seine Reise nach *Brasilien* ist wohl eine Abwandlung seiner neuen Tätigkeit, die er nach Elizas Tod im Golf von *Honduras* aufgenommen hat. Die Piraten, die er dort trifft, haben die Begegnung mit *George Lowther* zum Vorbild.

Man mag die Stirn runzeln, wie es angehen kann, dass Ned an der Küste von *New Hampshire* auf spanische Piraten trifft – doch kam es tatsächlich vor, dass sich solche an Neu-Englands Küste gelegentlich herumtrieben! So berichtet die „Boston Gazette" im Sommer 1724 von Kaperungen eines spanischen Piraten an der Küste von *Virginia*. Das wäre auch noch sehr zeitnah zu Neds Unternehmungen. Es ist somit nicht ausgeschlossen, dass Ned einen spanischen Piraten in diesen Gefilden „erleichterte".

Der dann folgende erbitterte Kampf mit den britischen Kriegsschiffen, denen Ned knapp entrinnt, ist natürlich inspiriert von dem fatalen Gefecht mit der HMS „Greyhound". Auch seine Gefangennahme und Hinrichtung durch Franzosen in der Karibik war, wie weiter oben bereits erwähnt, eine Zeitlang in Umlauf.

Auf *Pond Island* sucht man natürlich seit langem nach dem Riesenschatz (der die Entdeckungen auf der *Isle Haute* noch übertreffen müsste). Die Rede ist von über 100 erfolglos verlaufenen Expeditionen. Allerdings wird befürchtet, dass die schweren Truhen in den weichen Untergrund des Tümpels im Laufe der Zeit immer weiter einsanken – eine Bergung wäre eine teure Angelegenheit. Vielleicht aber gibt es eines Tages eine spektakuläre Meldung hierzu…

Und der Aberglauben wuchert nach wie vor. *Patricia Hughes* schreibt:

„Es wird jetzt gesagt, dass ein Schatzsucher nicht an den Schatz gelangen kann, weil Low zwei Mann aus seiner Crew getötet hat, die immer noch die Beute bewachen. Leute geben an, Stöhnen und Ächzen zu hören, genauso wie Geschrei. Heute gilt der Schatz als verzaubert, und man sagt, dass er niemals gefunden werden wird…"

Allerdings: Anders als auf der *Isle Haute* ist man auf *Pond Island* an fraglicher Stelle noch nicht auf menschliche Gebeine gestoßen…

Der Schatzfund auf der *Isle Haute* sowie mündliche Traditionen um Low-Schätze in der *Casco Bay* könnten interessante Rückschlüsse geben, weshalb die Lows Spur nach seiner Niederlage folgenden Kriegsschiffe ihn nirgends entdeckten.[54] Die Piraten waren diesmal nicht, wie im Jahr zuvor, den direkten Weg vom *Cape Cod* zum *Cape Sables*

---

[54] Kapitel „Der Admiral"

nach *Neuschottland* gesegelt, sondern hatten offenbar den „Umweg" entlang der Küste von *Maine* in die *Fundy Bay* hinein gemacht (um dort Schatzdepots anzulegen, während die Marine unermüdlich im Osten nach ihnen suchte). Wahrscheinlich besaßen sie in Maines zahlreichen dünn besiedelten Buchten so manche Helfershelfer, ebenso wie unter der abgeschiedenen Bevölkerung rings um die *Fundy Bay*. Glaubt man den Legenden, so waren diese Gefilde seit langem Piratenschlupfwinkel gewesen, und auch in Lows Crew mochten sich Insider befinden, die nützliche Tipps für Schatzverstecke geben konnten. Das Anlegen eines Schatzdepots dürfte mit der obligatorischen Aufnahme von Frischwasser verbunden gewesen sein (wie es etwa der Süßwassertümpel von *Pond Island* bot; auch auf der *Isle Haute* befand sich in unmittelbarer Nähe des Depots ein See).

Lows Besuch auf der *Isle Haute* war übrigens ein kühnes Unterfangen, da seit 1722 heftige Indianeraufstände gegen die britischen Kolonisten in jenen Regionen tobten und, wie bereits gesagt, die Indianer diese Insel als Treffpunkt nutzten. Womöglich kollaborierten sogar Indianergruppen mit den Piraten – die Indianer übten sich nämlich gleichzeitig in der Piraterie, und das mit einem erstaunlichen Know-How, wie die neu-englische Presse erzählt!

Zweitens muss man sich fragen: Wie ging es für Ned & Company von der *Isle Haute* weiter? Die ganze *Fundy Bay* wieder zurück zum *Cape Sables*, mit dem Risiko, den Kriegsschiffen in die Arme zu segeln, die in jener Ecke patrouillierten? Wozu hatte man die Kriegsmarine mit so viel Raffinesse in die Irre gelockt!

Ein Blick auf die Karte zeigt: Vom *Minas Basin* genannten Seitenarm der *Fundy Bay* gibt es diverse Übergänge zur neuschottischen Ostküste – beispielsweise zur Bucht von (dem damals noch nicht existierenden) *Halifax*. Könnten die Piraten nicht einfach ihr Schiff verlassen bzw. an Helfershelfer abgetreten und die ca. 50 km (an der schmalsten Stelle) über Land marschiert sein, um sich an der Ostküste wieder ein neues Fahrzeug zu beschaffen und weiter gen Nordosten zu segeln? Das alles war machbar, mit der Hilfe zuverlässiger lokaler Verbündeter, die daran auch ihr Teil verdienten.

Dies muss Spekulation bleiben; auf solche Weise hätten die Piraten aber einen enormen Umweg (nämlich um halb *Neuschottland* rum) gespart sowie ein hohes Risiko vermieden. Und war nicht Low ein Freund ungewöhnlicher Strategien?

Es ist nicht ausgeschlossen, dass Ned, als er mit Spriggs im Sommer 1726 nordwärts segelte, nochmals jene Route einschlug, um einige Depots auszuräumen und in ein ziviles Leben auszusteigen. Ob er aber nochmals auf die *Isle Haute* gelangte?

Porto Bello

William Flys Begegnung mit dem berüchtigten Piratenkollegen Ned Low blieb nicht die letzte Meldung!

Nach einer recht großen Zeitspanne von über einem Jahrzehnt taucht er (man sollte es kaum für möglich halten) nämlich wieder wie aus dem Hut herausgezaubert auf...

Mitten im sog. „Ohrenkrieg" (*war of Jenkins' ear*, 1739-1742). Briten und Spanier waren sich diesmal ernsthaft in die Haare geraten, nachdem es seit Ende des Erbfolgekrieges (1713) immer wieder Krisen zwischen beiden Staaten gegeben hatte, hauptsächlich natürlich Handelsinteressen in Karibik und Mittelamerika betreffend.

Dieser Konflikt wurde nach einem Zwischenfall benannt, der sich allerdings bereits 1731 abgespielt hatte, also keinen unmittelbaren Casus Belli darstellte, im „passenden Augenblick" britischerseits aber zu einem solchen stilisiert wurde: Dem Kapitän eines Handelsschiffes Jenkins war damals von einer spanischen Küstenpatrouille ein Ohr abgeschnitten worden (wobei man wieder einmal sieht, dass Ohrenabschneiden keine Spezialität von Edward Low war!). Die Spanier hatten offenbar den Verdacht gehegt, dass Jenkins sich nicht an die speziellen Handelsabmachungen zwischen Briten und Spaniern hielt. Das Abtrennen von Ohren war, wie bereits dargelegt, gängige Strafe für Betrug oder auch nur Verdacht auf Betrug.

1739 hatte Kapitän Jenkins nun sein Ohr (wie mag er es so lange konserviert haben...) im britischen Parlament als „Beweis" für die Ruchlosigkeit der Spanier präsentiert – und zack! war die Kriegserklärung auf dem Tisch.

Bereits einen Monat später kreuzte *Admiral Vernon* mit sechs schwerbewaffneten Kriegsschiffen Seiner Majestät vor der spanischen Hafenstadt *Porto Bello* an der Küste Panamas und machte in der „Schlacht von *Porto Bello*" klar, wer hier der Herr war. Offensichtlich waren die Spanier auf diesen Streich kaum vorbereitet gewesen. Die den Hafen bewachenden drei Festungen waren, da vollkommen ungenügend bemannt, unnütz, so dass man binnen kurzem kapitulieren musste.

Die „Boston Evening Post" sowie „Pennsylvania Gazette" (März/April 1740) zitieren nun einen just aus *Jamaica* eingetroffenen Berichterstatter mit einigen Einzelheiten zu den Hergängen; dieser erwähnt, dass

„der berühmte Ned Low, vormals wohlbekannt hier wegen seiner Piraterien an dieser Küste in den West-Indischen Gefilden, Kanonier einer der spanischen Festungen war; als er aber erkannte, dass seine Landsleute die Oberhand gewannen, nahm er die Beine in die Hand und entkam ins Landesinnere."
(der Panama-Kanal war leider noch nicht gebaut...)

Da muss man erstmal tief Luft holen! Bei den Spaniern war er also untergetaucht – und stand sogar im Rang eines Kanoniers. Laut spanischen Quellen wurden zwei der drei Festungen, *Todo Fierro* und *Castillo de la Gloria*, in aller Eile mit der Besatzung einer gerade im Hafen stationierten *guarda costa* bemannt, sozusagen im letzten Augenblick; und dennoch war eine Verteidigung *Porto Bellos* von vornherein aussichtslos, angesichts der militärischen Übermacht des Feindes. Mit dem Mut der Verzweiflung leistete man Widerstand, bevor der spanische Gouverneur die Kapitulation ausrief. Einmal mehr entschlüpfte der einstige Pirat erfolgreich, als die Ausweglosigkeit der Situation offenkundig wurde. Er konnte sich nicht mit den Spaniern zusammen ergeben, denn nun wäre er abgesehen von seinen früheren Piratendelikten wegen Kollaboration mit dem Kriegsgegner drangekriegt worden!

Ned Low stand somit aufseiten des alten Erzfeindes. Zu den Spaniern waren vor ihm auch schon andere Piraten übergelaufen, so dass dies allein kein so erstaunlicher Tatbestand ist. Doch halt: War da nicht jenes Massaker gewesen, in dem Low rund 50 spanische Seeleute, angeblich Teil einer Küstenpatrouille, gnadenlos hatte niedermetzeln lassen? 16 Jahre lag das mittlerweile zurück – ob aber die Spanier jener Regionen das vergessen oder „weggesteckt" hatten? So etwas ereignete sich trotz ständiger Fehden zwischen Briten und Spaniern ja nicht alle Tage …

Wie bereits an früherer Stelle[55] dargelegt, war das Ereignis durch *Captain Johnsons* dramaturgisch aufgeputzten Bericht im Laufe der Jahre als Barbarei einer breiten Öffentlichkeit präsentiert worden. Und ausgerechnet die Spanier selbst soll das kaltgelassen haben?

Was von der spanischen Obrigkeit einkassierten englischen Piraten blühte, veranschaulicht beispielsweise die Bestrafung mehrerer Gefangener aus Lowthers Crew: Lebenslanger Strafdienst – auf Galeeren oder in den Silberminen! Dagegen war der Galgen beinah eine Gnade…

Wie bereits erörtert hat sich jener damalige Zusammenstoß zwischen Spaniern und Piraten wahrscheinlich etwas anders als bei *Captain Johnson* geschildert abgespielt. Das blutige Gemetzel war wahrscheinlich Folge eines Kampfes beider Parteien – etwas, was damals zur „Normalität" im Golf von *Honduras* zählte, wo oft erbitterte Auseinandersetzungen zwischen Spaniern und Briten stattfanden.

---

[55] Kapitel „Das Blutbad"

Außerdem gut möglich, dass jene Spanier keiner staatlichen Küstenpatrouille angehörten, sondern ihrerseits Piraten waren (die sich gern als Küstenwache ausgaben)! Das behaupten auch diverse Zeitungsberichte. Kaum vorstellbar, dass die Spanier einen Piratenchef gnädig aufnahmen, wenn der seinerzeit eine reguläre *guarda costa* so gründlich aufgerieben hätte... [56]

Neds Rolle bei der Verteidigung von *Porto Bello* legt sogar nahe, dass er für die *guarda costa* gearbeitet hat, die, gerade vor Anker im Hafen, eilends die beiden Festungen bemannen musste, in Ermangelung einer Garnison! Jene *guardas costa* nahmen britische Piraten mit ihrer „Berufserfahrung" nicht ungern auf. Trotzdem eine Kuriosität: Der einstige Mitarbeiter der verhassten „Blutholzdiebe" nun bei den „Blutholzdieb-Jägern"...

Neds Lebenslauf war nun einmal voller Überraschungen! Somit hatte er seinen Landsleuten vollends den Rücken gekehrt. Während es den Medien der Kolonien immerhin eine Erwähnung wert war, dass *„der berühmte* (!) *Ned Low"* auf spanischer Seite kämpfte, schwiegen die Londoner Zeitungen.

Späte Vergeltung nahm dafür das deutsche Piraten Open Air von *Grevesmühlen*, indem es Ned Low als spanischen Agenten und Günstling des Vizekönigs präsentiert (in der 2017 aufgeführten Episode „Exekution in Cartagena") und natürlich mal wieder als ein Musterbild von Bösewicht!

Ned Low war übrigens nicht der einzige Pirat, der im „Ohrenkrieg" eine Rolle spielte. Wenige Jahre später taucht ein „Lieutenant Lowther" auf, der Admiral Vernon einen

---

[56] In der Ur-Ausgabe dieses Buches wurde das „Blutbad" etwas anders interpretiert: Falls sich die Spanier den Piraten kampflos ergeben hatten, könnte sich Low gegen eine kaltblütige Exekution eingesetzt haben, wobei er von den Rachsüchtigen in seiner Crew überstimmt wurde. Auch das ist nicht abwegig. Es gab mindestens zwei Überlebende, die den genauen Hergang berichten konnten.

detaillierten Marschplan (von *Porto Bello* aus) für einen geplanten Angriff auf *Panama* zuspielt – wofür ihm der britische Oberbefehlshaber eine Begnadigung beim König erwirkt.

Da muss man natürlich sofort an einen denken: Nämlich Ned Lows „Lehrer" George Lowther! Der aber war doch seinerzeit auf der karibischen Insel *Blanquilla* mit einem Kopfschuss gefunden worden, angeblich. So, wie er es selbst angekündigt hatte...

Wer verbarg sich hinter diesem ominösen „Lieutenant Lowther"? Vielleicht ein Verwandter von George Lowther? Da er lange an der neuspanischen Küste beheimatet gewesen war sowie mit den dortigen Filialen der *South Sea Company* zusammenarbeitete, besaß er für die britische Navy unentbehrliche geographische Kenntnisse.

Was aber wurde aus Ned Low, nach seiner Flucht aus dem eroberten *Porto Bello*? Unter den vielen Mutmaßungen seines Lebensendes lässt sich nur eine bislang nicht widerlegen: *„Manche sagen, dass er in New Orleans an Gelbfieber starb."* (*Howard Pyle*). *New Orleans*, damals noch unter französischer Hoheit, war seit jeher ein beliebter Piratenschlupfwinkel, bis in die Zeit des Freibeuters *Jean Lafitte*!

Das Märchen vom „bösen Edward"...

Ob Elisabeth Low, die Ende 1739 nachweislich heiratete, *Captain Johnsons* „Bestseller" gelesen hat, der so ein vernichtendes Urteil über ihren Vater fällte, dass sein Nachleben nachhaltig verdunkelt wurde? Genauso denkbar ist aber (und es wäre zu wünschen), dass sie *Philip Ashtons* 1725 erschienenen Abenteuerreport in die Hände bekam, der manch aufschlussreiches Detail über Charakter und Persönlichkeit ihres Vaters offenbarte. Dank Ashton hätte sie zumindest erfahren, dass Gedanken und Empfindungen ihres Vaters inmitten seiner wilden, gesetzlosen Zeit sehr oft bei ihr waren...

Nun, da wir Ned Low auf seinen beiden kühnen Kaperrunden über den Atlantik begleitet haben, können wir doch ein differenzierteres Bild von ihm selbst und seiner Piratenlaufbahn zeichnen, als es uns *Captain Johnson* enthüllt. Seine Taten werden keineswegs von Anfang an von unsagbaren Barbareien oder Gewaltexzessen überschattet – dies enthüllen uns die Schilderungen mehrerer wichtiger Zeitzeugen: Allen voran die Erlebnisse des jungen Fischerkapitäns Philip Ashton während seiner neunmonatigen Zeit als Lows zwangsrekrutiertes Crewmitglied sowie Captain Roberts' Bericht seiner zehntägigen Gefangenschaft bei Ned Low. Beide durften den gefürchteten Piraten hautnah erleben, und beide vermitteln einen Eindruck, der doch erheblich abweicht von „offizieller" Beurteilung, ohne Low und sein Gefolge zu idealisieren (die Zeit, in der Piraten romantisch verklärt wurden, war noch nicht angebrochen).

Eine wichtige Zäsur in Lows Piratenleben fand am 10. Juni 1723 statt, als er vor *Long Island* ein Seegefecht gegen HMS

„Greyhound" verlor sowie gut die Hälfte seiner Crew mitsamt seinem Piraten-Bruder Charles Harris!

Unmittelbar danach erfuhr die Umwelt, wie grauenhaft Piratenrache sein konnte! Die der Seeschlacht knapp Entronnenen tobten sich in einem „Racherausch" aus (wobei nicht alle der von der Presse bzw. *Captain Johnson* aufgezählten grausamen Geschehnisse eindeutig zu verifizieren sind). Die selbst unter Piraten völlig exzeptionelle rot-schwarze Flagge, mit der Low seine Admiralsphase einläutete, erfüllte zwar vor allem die psychologische Funktion der Abschreckung; Rot und Schwarz waren aber auch die Farben des Teufels – und als ein solcher wurde Ned Low von der Gegenseite seither betrachtet!

Das Märchen vom „bösen Edward" hat hier seinen wahren Kern.

Seine „Amtszeit" als Admiral, in der er sämtlichen Autoritäten selbstherrlich Paroli bot, währte nur wenige Monate – doch als er schon längst seine Machtposition eingebüßt hatte, ging immer noch die Angst um! Habhaft sollte man seiner nie werden! Den Autoritäten war nicht die Genugtuung vergönnt, ihn in einem spektakulären Prozess abzuurteilen, wie einen *Stede Bonnet*, *Charles Vane* oder *Jack Rackham*. Ned Low war der letzte „Groß-Pirat" des Goldenen Zeitalters, das bald nach ihm auslief; ein charismatischer Stratege, der es verstand, sein Gefolge zu kühnen, draufgängerischen Aktionen zu animieren. Allein sein „Raubradius" (zwei volle Atlantikrunden!) steht unter den „Golden-Age" – Piraten singulär da!

Dass Low seine eigenen Leute misshandelt und terrorisiert hat, wie die Sekundärliteratur oft angibt, ist nicht zutreffend! Er war gewiss, in seiner Impulsivität und mit sich häufenden jähzornigen Ausbrüchen, kein einfacher Vorgesetzter. Captain

Roberts hatte selbst miterlebt, wie heftig und urplötzlich er Quartiermeister *Russel* gegenüber aufgebraust war, als dieser von einem Plünderzug ohne nennenswerte Beute zurückkehrte: *„Low, der so ernst und aufmerksam wie ein Richter auf der Bank dasaß, fuhr auf einmal aus tiefem Nachsinnen auf* (und Russel an).*"* Das deckt sich mit Ashtons Beobachtungen und enthüllt: Low war, wie so viele Chefs, wohl Choleriker!

Dennoch war er nachweislich immer darauf bedacht, den Zusammenhalt in seiner „Bruderschaft" mit Hilfe der Satzung zu bewahren. Er wusste um den Wert einer starken Gemeinschaft; den mächtigen Feinden durfte nicht durch Spaltung in die Hände gespielt werden!

„Die Satzung zementiere sie zusammen... als bestehende Regel ihrer Pflicht, und allein durch die Satzung könnten sie Kontroversen und Differenzen untereinander entscheiden und beilegen." (wie Low selbst in *Captain Roberts'* Bericht statuiert). Mehr als einmal hat er sich gegen Züchtigung oder Liquidierung von Crewmitgliedern ausgesprochen!

Piratenverbände zeichneten sich freilich meist nicht durch Kontinuität aus. Verluste durch Kampf oder Krankheit, Desertion, Abspaltung – so etwas war allgegenwärtig. Doch auf ganz erstaunliche Weise wusste Low nimmermüde Neuzuwachs zu requirieren. Dies lässt den Schluss zu, dass er über nicht unbedeutende, wohl funktionierende „Netzwerke" verfügte – zum einen im Golf von *Honduras*, wo seine „Karriere" begonnen hatte; außerdem zweifellos entlang der nordamerikanischen Küste. Es verrät auch, welchen Rückhalt die Piraterie selbst nach wie vor fand – natürlich vor allem unter den zahlreichen Unzufriedenen der Gesellschaft (vom entlaufenen Knecht bis zum meuternden Matrosen). Große Piratennester wie vormals *Jamaica* oder die *Bahamas* waren zwar mittlerweile aufgrund starker Marinepräsenz nicht mehr zugänglich, doch waren die Verbindungsleute von Ned Low und Co. zweifellos auf andere „diskrete" Treffpunkte ausgewichen (wie möglicherweise *Block Island*).

Anders als sein Kollege *Blackbeard* genoss Ned Low nicht die Gunst eines oder mehrerer lokaler Gouverneure – im Gegenteil bliesen Gouverneure wie John Hart zur unerbittlichen Treibjagd auf ihn. Das Netz zog sich mehr und mehr zu; Abschreckungspropaganda trachtete danach, mögliche Solidarisierung mit Piraten zu unterbinden – trotzdem mag es nach wie vor gewisse Personen von Rang gegeben haben, die den Piraten zuarbeiteten (etwa in Konkurrenz zu etablierten lokalen Eliten). Aufschlussreich ist hierzu, was die „Annals of Philadelphia" über Ned Low (1722) schreiben:

„... *ein gewisser Low aus Boston. Sie hatten ein Schiff mit fünf Frauen unter den Passagieren gekapert und sandten diese auf einem anderen Schiff sicher in einen Hafen. Sein Name erscheint nachmals als sehr erfolgreich... die ...Piraten wurden von dem berühmten Low kommandiert...*"

Fast scheint es, als hätte man in *Philadelphia* ein Loblied auf Ned Low gesungen – die Vokabeln „successful" (= erfolgreich) und vor allem „celebrated" (= gefeiert!) waren wirklich eine starke Wahl für einen Piraten, wie für einen Volkshelden! Also hatte nicht nur Captain Roberts sich viel herausgenommen, indem er vom „großen Edward Low" sprach...

Low genoss also keine unbedeutenden Sympathien – zumindest in seinem ersten Jahr 1722, wo er ja als „Gentleman-Pirat" gestartet hatte. Für 1723 konstatieren dieselben Annalen zutreffend:

„*Man stellt fest, dass Low besonders grausam ist, seit seinem Kampf (gegen die Marine)...*"

Eine sehr sachliche Darstellung, im Kontrast zu *Captain Johnsons* Bewertung!

Hatte Low in gewissen Regionen besonders viele „Parteigänger"? Warum nannte man einen Räuber „celebrated"? Weil er „*Honduras erobert*" hatte (wie sich obige „Annalen" übertreibend ausdrücken)? Betrachtete man Ned als Freibeuter alten Stils?

So kam es vor, dass Institutionen und deren Vertreter nicht bloß der Untätigkeit, sondern gar der Kollaboration mit Piraten bezichtigt wurden. Hierzu ein kurioser Fall: Der ältere Bruder von *Benjamin Franklin* und Herausgeber der (hier öfter zitierten) Zeitung „New England Courant" (*Boston*) geriet ganz schön in die Bredouille, als er in einem Artikel die Maßnahmen der Kriegsmarine gegen Low im Sommer 1722 saumselig aussehen ließ. Da gewisse Leute sich gegen mögliche Unterstellungen sogleich verwahrten, landete James Franklin für drei Wochen im Gefängnis! Ob er sich nur unglücklich ausgedrückt oder tatsächlich gestichelt hatte – die harsche Reaktion verriet, dass solcher Verdacht kein Einzelfall war.

Viele Fragen sind hier noch offen. Und es verhält sich keineswegs so, dass die Piraterie nach Ned Low schlagartig erlosch. Trotz rigider Maßnahmen vonseiten staatlicher Autorität plagten weiterhin Seeräuber, wenn auch nicht mehr in solcher Intensität, jahrzehntelang die atlantischen Küsten. Auch das *Privateering* (Freibeuterei) kam in den Kolonien anlässlich diverser Kriege vom 18. bis ins 19. Jh. wieder ganz groß raus!

Low selbst scheint sich als „Erbe" früherer Großpiraten betrachtet zu haben: So besaß er anfänglich die gleiche Flagge wie *Blackbeard*; zudem hatte er den Schiffsnamen „Fancy" wohl in Gedenken an *Captain Averys* gleichnamiges Kaperschiff gewählt; drittens nahm die Namenskombination seiner Miniflotte „Fortune" /"Ranger" offenbar Bezug auf

Captain *Barty Roberts'* beide Schiffe. Bemerkenswert allerdings ist: Keinem seiner Schiffe verpasste Ned den (von Piraten meistvergebenen) Namen „Revenge" - „Rache"; selbst nicht nach dem 10. Juni 1723!

Wie man bei seinen Flaggschiffen „Rose Pink" sowie eventuell der „Merry Christmas"sah, taufte Ned nicht einmal alle Schiffe auf Piratennamen um. Auch legte er sich, im Unterschied zu anderen prominenten Piraten, keinen Decknamen zu – vielleicht, weil es auch George Lowther nicht getan hatte.

Was Ned Lows Biografie vor allem von denen der meisten anderen Piratenfürsten des Goldenen Zeitalters unterscheidet: Er hatte zuvor ein „bürgerliches" Leben als verheirateter Mann und Vater, mit längerer Berufstätigkeit an Land (wenn auch im seemännischen Bereich) geführt und dieses Leben nicht vorsätzlich (wie z. B. *Major Bonnet*) aufgegeben. Dass er aus Schmerz über den Verlust der Partnerin Pirat geworden sein soll, hat zwar etwas Romantisch-Melodramatisches, trifft aber nicht zu – nach Elizas Tod hat er sich über zwei Jahre als alleinerziehender Vater um seine kleine Tochter gekümmert, bis ihn der neue „Blutholz-Job" von seiner Familie trennte; was aber wohl zunächst nicht als Dauerzustand gedacht war und eventuell nur eine Notlösung darstellte.

Allerdings scheint sich Ned, innerlich zerrissen, von diesen Schicksalsschlägen nie ganz erholt zu haben; da war ein quälender Zwiespalt: die Sehnsucht nach dem „alten" Leben, in das er nicht mehr zurück konnte. Bezeugt wird dies am besten von *Philip Ashton*, der Low immer wieder „in stillen Momenten" seiner Tochter zugewandt erlebte:

„Ich konnte beobachten, dass … Lows Emotionen sich mit einem kleinen Kind befassten, das er in Boston hatte, für das er in jedem wachen Augenblick zwischen Feiern und Trinken eine

tiefe Zuneigung ausdrückte – in solchem Maße, dass ich ihn dasitzen und hemmungslos weinen sah, bei bloßer Erwähnung des Kindes."

Dank Ashtons Beobachtung wissen wir somit, dass Low in einem tiefen Dilemma feststeckte, dass sein Piratenberuf dieses nicht hatte verdrängen können. Seine kleine Tochter zurückgelassen zu haben (wenn auch in der Obhut der Schwiegereltern), das mochte ihn mit nicht geringen Schuldgefühlen belasten und zunehmend schwierig machen für seine Umwelt. Auf mögliche Schuldgefühle könnte etwa sein angelegentliches Ausfragen des gefangenen George Roberts, ob dieser Frau und Kinder gut versorgt daheim zurückgelassen habe, hinweisen.

Ned Lows Launen, sein Schwanken zwischen kühler Vernunft, sentimentalen Anwandlungen und brutalen Ausfälligkeiten lassen sich auf diese inneren Konflikte zurückführen. Wer also Lows Wirken als Pirat bewertet, darf nicht sein früheres Leben, eingeschlossen der Kindheit, außer Acht lassen!

Hat Ned Angehörige anderer (katholischer) Nationen gehasst, wie es ihm *Captain Johnson* unterstellt?

Zumindest für den Erzfeind Spanier kann man die Frage ganz klar verneinen. Misshandlungen von Franzosen wurden erst nach dem 10. Juni 1723 gemeldet, wobei diese wohl auf das Konto seiner Crew gingen.

Nachweislich litten die Portugiesen unter Lows Aktionen im Sommer 1723. Im Vorjahr hingegen hatte er den portugiesischen Bewohnern einer Kapverdeninsel, bei denen er vor Anker ging, eine Weizenladung geschenkt. Als seine Leute, ebenfalls von den *Kapverden*, den Sohn des dortigen Gouverneurs mitsamt einem Priester anschleppten, ließ er beide völlig ungeschoren wieder gehen. Und auf der gekaperten portugiesischen „Victoria" hatte eindeutig keine Blutorgie stattgefunden!

Ned war somit weder ein Katholikenhasser noch radikal atheistisch, wie man es vielen Piraten nachsagt. Dass er den Erzpuritaner *Mather* verflucht haben soll, sagt nichts – *Cotton Mather* wurde selbst unter Nichtpiraten heftig angefeindet. Eliza Low ihrerseits war in *Mathers* Gemeinde aktiv; laut Philip Ashton *„würde es Low niemals zulassen, dass seine Männer sonntags arbeiteten"*, und mit seinem Gefangenen George Roberts tauschte er sich u.a. über das Thema Kirche aus. Seine Einstellung schien eher kritisch als überhaupt antireligiös.

Lows Crew setzte sich zwar zu einem Großteil aus Briten und Neu-Engländern zusammen, wurde aber durch einige Farbige, Portugiesen sowie Indianer ergänzt (war also, wie andere Piratenbanden auch, multikulti). Bei Farbigen handelte es sich meist um ehemalige Sklaven – auf einem Piratenschiff hatten sie in der egalitären Ordnung die gleichen Rechte und Pflichten wie alle anderen.

Die eigenen Landsleute bevorzugt zu behandeln, war ein geschickter Schachzug von Low, da seine Piratenaktivitäten keinen geringen Rückhalt genossen entlang der Küste bis hinunter in den Golf von *Honduras*. Außerdem wollte sich Low, wie er auch Captain Roberts gegenüber klarstellt, als ein „guter Engländer" bzw. Brite verstanden wissen, der keinesfalls gegen sein Land, sondern nur gewisse *„schurkenhafte Landsleute"* agierte.

Das hielt allerdings Autoritäten sowie Handelsleute nicht davon ab, „Gentleman Low" zu diskreditieren und London aufzurütteln. Nach dem langen Erbfolgekrieg und erst recht nach der geplatzten „Südseeblase" (1720) flossen aber die finanziellen Mittel für eine nachhaltige militärische Piratenbekämpfung nur sparsam.

Als *Captain Johnson* in London ab 1724 seine ersten Auflagen der „Allgemeinen Piratengeschichte" herausbrachte, spukte Low immer noch in der Karibik umher, und so beendete Johnson sein Kapitel über Ned Low mit dem beißenden Fazit:

„... *die beste Nachricht, die wir kriegen könnten, wäre die, dass er und seine gesamte Crew sich auf dem Meeresboden befänden.*"

Da Low ihm diesen „frommen Wunsch" nicht erfüllte, hat man sich anders an ihm gerächt: Obwohl die kurz danach erschienenen Tatsachenberichte von Philip Ashton sowie Captain Roberts ein differenzierteres Bild Ned Lows präsentierten, setzte sich in der Nachwelt, durch die enorme Verbreitung von *Captain Johnsons* „Allgemeiner Piratengeschichte" das Bild eines Sadisten und Psychopathen durch. Dadurch, dass Johnson Low einen geradezu irrationalen Hass (speziell auf Neu-Engländer) zuschreibt und den eigentlichen Kontext oft verzerrt, dämonisierte er den letzten Groß-Piraten. Schon in seiner ersten Ausgabe führt er dies weitschweifig aus:

„... *und da er ein rachsüchtiges Naturell hatte, konnte er niemals einer Person vergeben, von der er sich einbildete, Unrecht erlitten zu haben... und nun übte er seine Vergeltung gegen alle dieses Landes (Neu-England), wo auch immer er sie traf.*"

Vergeltung, Rache – wofür? Spielt *Johnson* auf Lows Arbeitgeber an, gegen den er gemeutert hatte? Wie auch immer – Low erteilte nicht nur Neu-Engländern eine Lektion, wie *Captain Johnson* selbst (allerdings nur in der ersten Edition!) konkretisiert:

„*Als Low mit einem Schiff zusammentraf, das der Royal African Company gehörte, stellte er zahlreiche anzügliche Fragen bezüglich des Gouverneurs und der Direktoren dieser Gesellschaft, und hieß sie (die gekaperten Offiziere) niederknien und „Verwirrung" und „Verdammnis" trinken auf diese alle (d.h. ihre Vorgesetzten), und vor allem auf den* **Duke von Chandos**...*"*

Besagter Herr war in der Tat höchst prominent: Es handelte sich um *James Brydges*, seit 1719 „Duke of Chandos" sowie im Vorstand der hauptsächlich durch Sklavenhandel florierenden *Royal African Company*. Er tat sich übrigens auch als Mäzen des Komponisten *Händel* hervor, wurde aber schließlich durch die „Südseeblase" wie so viele andere arg gerupft.

Schon zu Lebzeiten soll jener „Duke of Chandos", begabt mit einem bemerkenswerten Opportunismus, dem Hang zu korrupten Umtrieben sowie einer blasierten Schamlosigkeit, selbst unter den Standesgenossen Staunen erregt haben. Hierauf könnten Ned Lows Aversionen gezielt haben; zudem war ihm sicher bekannt, dass sein Piraten-Bruder Lowther seinerzeit auf einem Schiff der *Royal African Company* wegen der katastrophalen Dienstbedingungen gemeutert hatte...

Wie dem auch sei – der Duke von Chandos war „Alt-Engländer"! Ned trennte also nicht Alt- und Neu-Engländer, sondern Leute, die ihm genehm waren und jene, die er (aus diversen Gründen) nicht riechen konnte. Man rufe sich in Erinnerung, dass er einige Jahre im Dunstkreis des Parlaments verbracht hatte (wahrscheinlich in Diensten einer höhergestellten Person),[57] dabei natürlich allerlei in puncto Tagespolitik spitzgekriegt hatte und viele illustre Namen damit verknüpfen konnte.

---

[57] Kapitel „Der Schrecken von Westminster"

Indem er also Richter spielte und (laut *Captain Johnson* häufig) diversen Prominenten bzw. deren Untergebenen „die Hosen runterzog" – nach dem Motto „Wenn ihr uns für unsere Verfehlungen straft, gucken wir auch bei euch genauer hin" – maßte sich Low der Outlaw etwas an, das in den Augen der Betroffenen nur als unerhörtes Sakrileg gelten konnte!

Darauf war die einzig adäquate Antwort (wenn nicht der Galgen): *Damnatio memoriae!* Wenn man auch sagen muss, dass diese von *Captain Johnson* initiierte *damnatio memoriae* im 18. Jh. nicht weiter ausgestaltet wurde, hingegen bemerkenswerterweise erst richtig ab dem späten 19. Jh., also lange nach der Piraten-Ära!

Schlusswort

Mit Ned Lows Verschwinden im Nebel der Geschichte endete die Kernphase des „Goldenen Zeitalters der Piraten" (1716 – 1726). Hier sollte nicht unerwähnt bleiben, dass ein „Ableger" der Company von Low/Spriggs es im Jahr 1725 noch einmal kühn wagte, eine Kaperrunde über den Atlantik à la Low zu absolvieren – und diese Runde auch fast vollendete: Das war *Philip Lyne*, der von den Medien ebenfalls als grausames Ungeheuer gezeichnet wurde. Vor *Curacao* wurde er von einer Übermacht niederländischer Häscher gestellt, denen er noch ein verzweifeltes Gefecht lieferte. Von der Grausamkeit, ihn schwerstverletzt vor Gericht zu zerren, spricht keiner! Für Lyne, den letzten „Erben" Lows, muss der Tod am Galgen eine Erlösung gewesen sein.

Die „Feinde des Menschengeschlechts" verdienten ja kein Mitgefühl...

Fast all jene Seeräuber, die in diesem Zeitraum die Meere unsicher machten, waren aus Unzufriedenheit über ihren materiellen Status in die Piraterie eingestiegen. Ausnahme bildeten die vermögenden Exemplare *Major Bonnet* und *Blackbeard*, Nachfolger zahlreicher kolonialer Handelspiraten. Hingegen suchten ein *John Phillips, George Lowther, John Gow, William Fly* und zahlreiche namenlose Seeleute Arbeitslosigkeit oder ausbeuterischen Arbeitsbedingungen zu entrinnen.

In diesen Rahmen passt auch Ned Low, von dem wir ja nun wissen, dass er ohne Vorsatz in die Piraterie eingestiegen war. Der Wunsch, eine Familie zu gründen sowie für sich, Frau und Kinder auskömmliche Lebensbedingungen zu schaffen – all das sind elementare Bedürfnisse, die zu jeder Zeit sozial weniger gut Gestellte in die Kriminalität treiben konnten.

Prekären Verhältnissen suchten damals ebenso zahlreiche Straßenräuber(innen), Taschendiebe, zweifelhafte Damen, Betrüger usw. zu entrinnen; die Lebensläufe solcher Schwerenöter legte schon vor *Captain Johnson* ein gewisser *Captain Alexander Smith* (wohl gleichfalls ein Pseudonym) als Sammlung an, die zum Bestseller wurde, wie danach Johnsons „Piratengeschichte". Gewiss hatte so mancher bei der Lektüre Mitgefühl für jene Schicksale; eher war es freilich so (wie auch aus *Capt. Smiths* Vorwort deutlich wird), dass derlei Berichte die Funktion eines moralischen Zeigefingers hatten sowie den „redlichen Leuten" Tipps geben sollten zum Schutz gegen Diebe etc. Über die Ursachen gesellschaftlicher Nöte machte man sich allenfalls vereinzelt Gedanken...

Heutzutage allerdings stellen solche Werke eine wahre Fundgrube dar für all diejenigen, die einen näheren Blick auf Lebensläufe werfen möchten, für die in herkömmlichen Geschichtsbüchern kein Platz ist.

Was das Los der britischen Seeleute anbetraf: 1725 wurde immerhin ein Schiffskapitän vors Admiralitätsgericht gestellt, nachdem er einen Schiffsjungen dermaßen misshandelt hatte, dass jener verstorben war[58]!

1728 wurde ein Gesetz verabschiedet, das freiwillig in Dienst tretenden Seeleuten ein gewisses Entgegenkommen bot – wie z. B. ein sogleich bei Dienstbeginn ausgezahlter Lohn sowie eine Vorauszahlung von zwei Monaten; für Journalist *Nathaniel Mist* zwar noch nicht der große Durchbruch; aber immerhin ein Anfang...

---

[58]Artikel des „London Journal" (April 1725)

Zeittafel zu Ned Lows Biografie:

1685 – 1690:	Geburt in *Westminster*
1707:	Hinrichtung seines Bruders *Richard* in *Tyburn*
ca. 1705 – 1710:	Ned fährt zur See
1710 (+/-) – 1721:	Ned lebt in *Boston*, Tätigkeit als Takler
12. 8. 1714:	Ned heiratet *Eliza Marble*
ca. 1718:	letzter Besuch in *Westminster*
Februar 1719:	Geburt der Tochter *Elisabeth*; Tod seiner Frau
1720:	Die „Südseeblase" (Finanzkrise) bricht über GB plus Kolonien herein
1721:	Ned heuert auf Schaluppe nach *Honduras* an
Ende 1721:	Meuterei und Flucht auf die *Cayman-Inseln*
Ende 1721 – Mai 1722:	Ned kapert als *Captain Lowthers* Lieutenant
Mai/Juni 1722:	Ned kapert mit der Brigantine „Rebecca" entlang der nordamerikanischen Küste
Juni 1722:	Überfall auf den Hafen *Roseway*/ Neuschottland; Gefangennahme von *Philip Ashton*
Juli 1722:	Kaperung der *Rose* Pink nahe den *Azoren*
Ende Okt. 1722:	Gefangenschaft von *Captain Roberts* nahe den Kapverden

Nov. 1722 – Jan. 1723:	Atlantiküberquerung; Sturm
Anfang 1723:	Ned büßt die *Rose* Pink ein (*Triangles*- Inseln)
Februar 1723:	Flucht vor HMS „Mermaid" (Karibik)
9. März 1723:	Ashton kann auf *Rattan* fliehen
März 1723:	Vereinigung mit *Captain Lowther* und Sieg über eine spanische Schaluppe (Golf von *Honduras*)
10. Juni 1723:	Niederlage von „Fortune" und „Ranger" gegen HMS „Greyhound" 19. Juli 1723:Hinrichtung von *Charles Harris* und 25 Crewmitgliedern in *Newport*
Juni/Juli 1723:	Low vergräbt Teil seiner Beute auf *Isle Haute (Fundy-Bay)*
Juli/Aug. 1723:	Low kapert „Merry Christmas" und nimmt Admiralstitel an; neue Flagge
Ende Okt. 1723:	Trennung von *Spriggs* und Low an der Küste von *Guinea*
Ende 1723:	Gefangennahme von *Captain Lowthers* Crew auf Insel *Blanquilla (*Karibik)
Januar 1724:	Meuterei gegen Low (nahe *Barbados*); Low von (französischen?) Piraten auf Karibikinsel ausgesetzt

Mai 1724:	*Captain Johnsons* „Allgemeine Geschichte der Piraten" erscheint in *London*
1724 – 1726:	*Spriggs* und Shipton kapern in der Karibik
Okt. 1725:	„Ashton's Memorial" erscheint in *Boston*
Herbst 1725 – Frühjahr 1726:	
	Spriggs und Low in der Karibik wieder vereint u. von Marine gejagt
Mitte 1726:	„The four years voyages of *Captain Roberts*" erscheinen in *London*
Frühjahr 1726:	Mögliche Begegnung Lows und Spriggs' mit Pirat *William Fly*
Juli 1726:	Hinrichtung von *William Fly* in *Boston*
Ende Nov. 1739:	Teilnahme Lows an der Schlacht von *Porto Bello* (Panama) auf spanischer Seite als Kanonier

Literaturverzeichnis

a) Das Goldene Zeitalter der Piraten

Cordingly, David: Under the Black Flag, 2006
Dumenil, Lynn: The Oxford Encyclopedy of American Social History, 2012
Frohock, Richard: Buccaneers and privateers, 2012
Konstam, Angus: Piraten, 2011
Kuhn, Gabriel: Unter dem Jolly Roger, Berlin/Hamburg 2011
Lincoln, M.: British Pirates and Society, 2014
Meves, H. (Hrsg.): (Daniel Defoe): Libertalia, Berlin 2015
Rediker, Marcus: Under the banner of King Death, 2006
Ders.: Villains of all Nations, 2004
Stingl, N.(Hrsg): Umfassende Geschichte der Räubereien und Mordtaten..., 1982

b) Einheit, Freiheit, Brüderlichkeit?

Meves, Helge: Libertalia, Berlin 2015
Stingl, Nikolaus: Umfassende Geschichte der Räubereien und Mordtaten…, 1982

c) Die „Allgemeine Geschichte der Piraten" von *Captain Johnson*

Cordingly, David: A General History of the Robberies & Murders of the most notorious Pirates, London 2015
Stingl, Nikolaus: Umfassende Geschichte der Räubereien und Mordtaten… 1982

Dem Sturm ausgesetzt

Captain Johnson: A General History of the Robberies and
Murders of the most notorious Pirates, London 1734
Lincoln, M.: British Pirates and Society, 2014

Der Schrecken von Westminster

Cordingly, David: A General History of the Robberies &
Murders of the most notorious Pirates, London 2015
Girling, Brian: City of Westminster, 2010
Stingl, Nikolaus: Umfassende Geschichte der Räubereien und
Mordtaten… 1982
Survey of London, vol 10, 1926
Tyburn Chronicle, London 1768
Wikipedia: „William Hogarth"

Eine Fahrt nach Tyburn

Captain Johnson A general and true History of the Lives and
Actions of the most famous Highwaymen..., London 1742
"Historische Gemälde", in: Erzählungen merkwürdiger
Begebenheiten aus dem Leben berühmter u. berüchtigter
Menschen, Leipzig 1799
The New and Complete Newgate Calendar, 1794
Smith, Alexander: History of the Lives and Robberies, 1714
Tyburn Chronicle, London 1768

Boston

"The Clark and Hutchinson Houses", Proceedings of the
Massachusetts Historical Society vol 18, 1881

Cordingly, David: A General History of the Robberies & Murders of the most notorious Pirates, London 2015
Dow, G.F./Edmonds, J.H.: The Pirates of the New England Coast, New York 1996
Lincoln, M.: British Pirates and Society, 2014
Selections from the Chronicle of Boston..., 1822
Stingl, Nikolaus: Umfassende Geschichte der Räubereien und Mordtaten... 1982

Blutholz

Cordingly, David: A General History of the Robberies & Murders of the most notorious Pirates, London 2015
Stingl, Nikolaus: Umfassende Geschichte der Räubereien und Mordtaten... 1982

Der Meister und sein Lehrling

Cordingly, David: A General History of the Robberies & Murders of the most notorious Pirates, London 2015
Smith, Roger C.: The maritime heritage of the Cayman Islands, 2000
Stingl, Nikolaus: Umfassende Geschichte der Räubereien und Mordtaten... 1982

Philip Ashtons schwarzer Tag

Cordingly, David: A General History of the Robberies & Murders of the most notorious Pirates, London 2015
Dow, G.F./Edmonds, J.H.: The Pirates of the New England Coast, New York 1996
Flemming, G.N.: At the point of a cutlass, 2014

Leeson, P.T.: Pirational Choice, 2010
Stingl, Nikolaus: Umfassende Geschichte der Räubereien und Mordtaten... 1982

"Rose" und "Fancy" auf Beutezug

Conlin, Dan: Pirates of the Atlantic, 2009
Cordingly, David: A General History of the Robberies &
Murders of the most notorious Pirates, London 2015
Dow, G.F./Edmonds, J.H.: The Pirates of the New England
Coast, New York 1996
Flemming, G.N.: At the point of a cutlass, 2014
Stingl, Nikolaus: Umfassende Geschichte der Räubereien und
Mordtaten... 1982

Captain Roberts' Erlebnisbericht

Bialuschewski, A.: Jacobite Pirates?, 2011
Calendar of State Papers Colonial..., 1734
Dow, G.F./Edmonds, J.H.: The Pirates of the New England
Coast, New York 1996
Fox, Ed: Jacobitism and the "Golden Age" of Piracy, 2017
Roberts, George: The Four Years Voyages of Captain George
Roberts... London, 1726

Kapitän Lows Satzung

Dow, G.F./Edmonds, J.H.:
The Pirates of the New England Coast, New York 1996
Fox, E.T.: Piratical Schemes and Contracts..., 2013
Meves, Helge: Libertalia, Berlin 2015
www.st-george-squadron.com

Der Sturm

Cordingly, David: A General History of the Robberies & Murders of the most notorious Pirates, London 2015
Dow, G.F./Edmonds, J.H.:
The Pirates of the New England Coast, New York 1996
Flemming, G.N.: At the point of a cutlass, 2014
Stingl, Nikolaus: Umfassende Geschichte der Räubereien und Mordtaten… 1982

Das traurige Ende der "Rose"

Dow, G.F./Edmonds, J.H.:
The Pirates of the New England Coast, New York 1996
Flemming, G.N.: At the point of a cutlass, 2014
"Golden Age of Piracy/ History of Pirate Surgeons":
www.piratesurgeon.com

Der Streich von Grenada

Dow, G.F./Edmonds, J.H.:
The Pirates of the New England Coast, New York 1996
Flemming, G.N.: At the point of a cutlass, 2014

Gejagt

Dow, G.F./Edmonds, J.H.:
The Pirates of the New England Coast, New York 1996
Flemming, G.N.: At the point of a cutlass, 2014
Schubert, G. H.: Der neue Robinson, 1848

Das Blutbad

Cordingly, David: A General History of the Robberies &
Murders of the most notorious Pirates, London 2015
Dow, G.F./Edmonds, J.H.:
The Pirates of the New England Coast, New York 1996
Leeson, P.T.: Pirational Choice..., 2010
www.piratesurgeon.com
Rediker, Marcus: Villains of all nations, 2004
Stingl, Nikolaus: Umfassende Geschichte der Räubereien und
Mordtaten... 1982

Das Seegefecht

Dow, G.F./Edmonds, J.H.:
The Pirates of the New England Coast, New York 1996
Flemming, G.N.: At the point of a cutlass, 2014

Der Rächer

Baer, Joel H.: British Piracy in the Golden Age, Bd 1, 2007
Belfry, Peter: The Boston News Letters Treatment of Piracy,
2012
Calendar of State Papers Colonial, vol. 33, 1723
Cordingly, David:
A General History of the Robberies & Murders of the most
notorious Pirates, London 2015
Dow, G.F./Edmonds, J.H.:
The Pirates of the New England Coast, New York 1996
Geanacopoulos, D. P.: The Pirate next door, 2017
Pringl, P.: Jolly Roger, 1953
Rediker, Marcus: Villains of all nations, 2004

Stingl, Nikolaus: Umfassende Geschichte der Räubereien und Mordtaten... 1982

Der Admiral

Burney Collection of Newspapers
Cordingly, David:
A General History of the Robberies & Murders of the most notorious Pirates, London 2015
Dow, G.F./Edmonds, J.H.:
The Pirates of the New England Coast, New York 1996
Earle, Peter: The Pirate Wars, 2003
Infoweb.newsbank.com: America's Historical Newspapers
Manuscripts of Lady du Cane, 1905
Stingl, Nikolaus: Umfassende Geschichte der Räubereien und Mordtaten... 1982

Die Meuterei

Cordingly, David: A General History of the Robberies & Murders of the most notorious Pirates, London 2015
Dow, G.F./Edmonds, J.H.:
The Pirates of the New England Coast, New York 1996
Flemming, G.N.: At the point of a cutlass, 2014
Hayward, A. L: Lives of the most remarkable criminals..., 2013
Lincoln, M.: British Pirates and Society, 2014
McDonald, Fiona: Gentlemen rogues & wicked Ladies, 2011
Seybolt, R.F.: "Captured by pirates: Two diaries...", in: The New England Quarterly vol. 2, No. 4, 1929

Piratendämmerung

Baer, Joel H.: British Piracy in the Golden Age, Bd 1, 2007
Boyer, Abel: The political State of Great Britain, vol. 32, London 1726
Earle, Peter: The Pirate wars, 2003
Gentile, Steve: "A pirate named Ned" – Anime-Kurzdoku, 2014
Green, C.H. The Historical Register... Vol. 11, London 1726
Seybolt, R.F.: "Captured by pirates: Two diaries...", in: The New England Quarterly vol. 2, No. 4, 1929

Der Schatz

Baer, Joel H.: British Piracy in the Golden Age, Bd 1, 2007
Cordingly, David: A General History of the Robberies & Murders of the most notorious Pirates, London 2015
Crooker, S.W.: Pirates of the North Atlantic, 2004
Dow, G.F./Edmonds, J.H.: The Pirates of the New England Coast, New York 1996
Flemming, G.N.: At the point of a cutlass, 2014
Hughes, Patricia: Ghostly New England Treasure Tales, 2008
Jameson, W.C.: Buried treasures of the Atlantic coast, 1998
Captain Johnson: A general history of the robberies..., Erste Edition 1724
www.advocateboattours.com
www.gregflemming.com
(Abbildung von Ned Lows Schatzplan)

Porto Bello

Infoweb.newsbank.com: America's Historical Newspapers

King, James F.: "Admiral Vernon at Portobelo": 1739; HAHR, Bd 23, 1943
Ranft, B.M.: The Vernon Papers, 1958
H. W. Richmond: The Navy in the War of 1739-1748, 1920

Das Märchen vom "bösen Edward"...

Brooks, Baylus C: Pirates & Slaves, 2015
Captain Johnson: A general history of the robberies..., Erste Edition 1724
Cordingly, David: A General History of the Robberies & Murders of the most notorious Pirates, London 2015
Dow, G.F./Edmonds, J.H.:
The Pirates of the New England Coast, New York 1996
Earle, Peter: The Pirate wars, 2003
Geanacopoulos, D. P.: The Pirate next door, 2017
historyofparliament-online.org
Rediker, Marcus: Villains of all Nations, 2004
Watson, J: Annals of Philadelphia, 2009

Ned Lows Nachleben in belletristischen Werken:

Bedford-Jones, H.: Pirates' Gold, 1922 (Neuauflage 2008)
Bortolozzo, D.: Capitan Low, 2013 (in italienischer Sprache)
Caine, Rachel: "Roman Holiday", in: My big fat supernatural honeymoon (Hrsg. *P.N. Elrod*), 2007
Goodwin, P.: Dreamwater, 2013
Hawes, Ch. B.: The dark Frigate, 1924 (in der Rolle des Capt. Jordan)
Schubert, H.G. Von: Der neue Robinson, 1848

sabilipp@web.de

Fotos und Coverabbildung: Autorin